I0814957

JOHN MASON

EL PODER DE LAS PREGUNTAS CORRECTAS

40 MANERAS DE CAMBIAR TU PERSPECTIVA Y TENER UNA MEJOR VIDA

El poder de las preguntas correctas
40 maneras de cambiar tu perspectiva y tener una mejor vida

Originally published in English under the title *40 Questions to Change Your Life*,
by Revell, a division of Baker Publishing Group,
Grand Rapids, Michigan, 49516, U.S.A.

Traducción al español por:
Belmonte Traductores
www.belmontetraductores.com

Edición: Henry Tejada Portales

ISBN: 979-8-88769-316-3 | eBook ISBN: 979-8-88769-317-0
Impreso en los Estados Unidos de América

Whitaker House | 1030 Hunt Valley Circle | New Kensington, PA 15068
www.espanolwh.com

1 2 3 4 5 6 7 8 9 10 11 ꟺ 31 30 29 28 27 26 25 24

DEDICATORIA

Me enorgullece dedicar este libro a mi bella esposa, Linda; a nuestros cuatro hijos maravillosos: Michelle, Greg, Mike y Dave; a mis dos nueras, Brittany y Kelley; y a mis tres nietos: Emma, Olivia y Beckett.

A Linda, por tus oraciones y tu amor.

A Michelle, por tu dedicación y firme compromiso con la excelencia.

A Greg, por tu callada fe y apoyo.

A Mike, por tu creatividad y tu corazón de adoración.

A Dave, por tu espíritu competitivo y la diversión de "Dave y papá".

A mi amada mamá, que siempre me ha amado incondicionalmente. ¡La mejor mamá del mundo!

A Brittany y Kelley, por su amor hacia mis hijos y su amor por el Señor.

A Emma, Olivia y Beckett, por la dulzura, risas y amor abundante que han aportado a toda nuestra familia.

Su apoyo, ayuda y ánimo, su sentido del humor y sus oraciones, me sostienen y bendicen cada día.

ÍNDICE

RECONOCIMIENTOS

Me gustaría dar las gracias a Lonnie Hull DuPont por sus excelentes ideas sobre cómo mejorar este libro. Su franqueza, humor y experiencia son siempre muy apreciados.

INTRODUCCIÓN

Todos hemos oído la expresión *carpe diem*: "aprovecha el día". Es una gran idea, y la comparto. En este libro, *El poder de las preguntas correctas*, espero llevar esa idea un paso más adelante para ti.

Cuando aprovechas el día, ¿cómo sabes qué hacer?, ¿qué escoger o dónde ir? Creo que encontramos mejor la respuesta cuando hacemos las preguntas correctas.

En este libro presento cuarenta preguntas clave y enseñanzas que sé que revelarán respuestas para tu vida. Las declaraciones bíblicas "*No tienen porque no piden*" (Santiago 4:2, NVI) y "*Pidan y recibirán*" (Juan 16:24, NVI) son tan ciertas hoy como lo eran hace dos mil años atrás.

Se dice que se puede juzgar a un hombre por sus preguntas tanto como por sus respuestas. Creo que estás hoy donde estás por las preguntas que te has hecho.

Para llegar donde quieres estar tienes que hacer las preguntas correctas. La diferencia entre las personas que son exitosas y las que no lo son está en que las personas exitosas se plantean mejores preguntas y, por lo tanto, consiguen mejores resultados.

¿Te haces las preguntas suficientes, o te conformas con lo que sabes? ¿Cuáles son las preguntas que están moldeando *tu* vida?

Aprovecha tu día; cada día. Cada persona ha sido creada igual en este aspecto; todos tenemos veinticuatro horas al día. Descubrirás que el secreto de tu éxito está escondido en tu rutina diaria. Lo que hacemos cada día es importante. Por lo tanto, aprovecha el presente haciendo las preguntas correctas.

Pregunta 1

¿CUÁNDO FUE LA ÚLTIMA VEZ QUE TE ASOMBRASTE A TI MISMO?

Obtuve un empleo increíble unos años después de graduarme de la universidad. Todo comenzó cuando recibí una llamada telefónica inesperada. Estaba inscrito a tiempo completo en un programa de Maestría en Administración, pero esto era demasiado bueno para dejarlo pasar.

La oportunidad laboral superaba mis expectativas más descabelladas: asistente del presidente del consejo directivo del banco más grande de Oklahoma. Nunca olvidaré pasar por siete entrevistas, comenzando en recursos humanos hasta llegar al presidente y director, y finalmente recibir una oferta de trabajo con solo veinticuatro años de edad. Y estaba a punto de obtener una perspectiva invaluable desde la cima hacia abajo.

Mientras trabajaba directamente para el presidente del consejo, mis responsabilidades incluían participar en muchas juntas del banco, dar discursos en nombre del presidente y del presidente del consejo, enseñar a otros altos ejecutivos cómo comunicarse con una audiencia, asistir a reuniones del consejo, supervisar el comedor ejecutivo y organizar el torneo de tenis del banco (que incluía a Jimmy Connors, Stan Smith, Roscoe Tanner, y muchos otros de los mejores jugadores del mundo). No me di cuenta completamente en ese momento, pero mi perspectiva sobre los negocios y el liderazgo nunca sería la misma.

Creía que estaba pensando "a lo grande" antes de este trabajo, pero había un mundo mucho más grande ahí afuera. Eso también es cierto para ti.

La vida es demasiado corta para pensar en pequeño. Más bien, haz lo que Joel Budd nos anima a hacer: "Marcha fuera del mapa". La mayoría de las personas podrían hacer más de lo que piensan que pueden hacer, pero generalmente hacen menos de lo que creen que pueden hacer. Nunca sabes lo que no puedes hacer hasta que lo intentas.

Estoy de acuerdo en principio con Oscar Wilde cuando dijo: "La moderación es una cosa fatal. Nada tiene tanto éxito como el exceso". Charles Schwab dijo: "Cuando un hombre ha puesto un límite a lo que hará, ha puesto un límite a lo que puede hacer".

La respuesta a tu futuro se encuentra fuera de los límites de donde estás hoy. Me gusta decir que si quieres comprobar si realmente sabes nadar, no te frustres con aguas poco profundas. Lánzate a lo profundo. Sal del extremo poco profundo de la piscina de la vida.

Cualquier persona que elige un objetivo en la vida que se puede lograr completamente sin la ayuda de Dios ha definido sus propias limitaciones. Más bien, como dice Art Sepulveda: "Sé un hacedor de historia y un agitador del mundo".

Ve donde nunca has ido antes. Determina ver y hacer cosas asombrosas que nunca has imaginado. Descubrirás que los grandes líderes pocas veces son "realistas", según los estándares de otras personas.

El Dr. J. A. Holmes dijo: "Nunca le digas a un joven que algo no se puede hacer. Puede que Dios haya estado esperando durante siglos a alguien lo suficientemente ignorante de lo imposible para hacer eso". Si *tú* devalúas tus sueños, ten por seguro que nadie más elevará el precio.

Ronald McNair dijo: "Solo te conviertes en un ganador si estás dispuesto a caminar por el borde". La Biblia nos dice: "Lo que es imposible para los hombres es posible para Dios" (Lucas 18:27).

Cuando subes al árbol más alto, puedes ver más lejos de lo que imaginabas cuando estabas en el suelo. Gloria Swanson dijo: "Nunca digas nunca. Nunca es una cosa larga e incierta, y la vida está demasiado llena de abundantes posibilidades para imponerle restricciones".

Creer que una idea es imposible es convertirla en eso. Considera cuántos proyectos fantásticos han muerto debido a un pensamiento pequeño o han sido estrangulados en su nacimiento por una imaginación cobarde.

Me gusta lo que dijo el Conde de Mirabeau. Cuando escuchaba la palabra *imposible,* respondía: "Nunca más me dejes oír esa palabra tonta".

Alguien siempre está haciendo lo que otra persona dijo que no se podía hacer. Atrévete a tener pensamientos impensables. Pearl Buck dijo: "Todas las cosas son posibles hasta que se demuestran imposibles, y aún lo imposible puede ser solo así, por ahora". John Ruskin dijo: "Sueña sueños elevados y, mientras sueñas, te convertirás en eso. Tu visión es la promesa de lo que finalmente revelarás".

Desarrolla una capacidad infinita para ignorar lo que otros piensan que no se puede hacer. No solo crezcas donde estás plantado. Florece donde estás plantado y da frutos. Daniel Webster dijo: "Siempre hay espacio en la cima". Nadie puede predecir a qué altura puedes volar. Incluso tú mismo no lo sabrás hasta que despliegues tus alas.

CONOCE TUS LÍMITES,
¡Y ENTONCES IGNÓRALOS!

Pregunta 2

¿QUIÉNES SON LAS CINCO PERSONAS CON LAS QUE PASAS MÁS TIEMPO? ¿TE ESTÁN HACIENDO CRECER O TE ESTÁN FRENANDO?

Recibí una llamada telefónica de un buen amigo y miembro de la junta de mi ministerio: Tim Redmond. Tim quería reunirse conmigo y aprovechar mi experiencia. "Insisto en pagar el almuerzo e insisto en pagarte algo por tu tiempo. Lo que sabes realmente me ayudará", dijo. Debo admitir que me sentí un poco incómodo cobrando algo, porque él es un buen amigo.

Tuvimos nuestra reunión y él hizo algunas preguntas excelentes. Tim es uno de los hombres más brillantes que conozco, pero lo que estaba a punto de decirme me asombró mucho. Nunca olvidaré sus palabras: "Nadie tiene tu experiencia. Has sido el director de tres editoras. Vendiste casi dos millones de libros como autor. Piensa en cuántas personas quisieran hablar contigo sobre el libro que es un sueño en su corazón. Aportarías una perspectiva que nadie más en la industria de la publicación cristiana podría aportar".

Cuando salí de nuestra reunión y manejaba de regreso a mi oficina, las palabras de Tim seguían resonando en mi corazón y en mi mente. Debo decir que nunca había considerado seriamente cuán útiles y valiosas podrían ser mis ideas y experiencias. Puedo decirte exactamente por dónde iba manejando cuando decidí ponerme a disposición de los autores. Para ayudarlos a crear sus libros. Para ayudar a publicarlos. Desde ese día en adelante, he estado ocupado constantemente ayudando a autores simplemente poniéndome a su disposición. Creo que jamás habría tenido esta idea sin las palabras que Tim me dijo aquel día.

¿No es increíblemente importante con quién nos asociamos? ¿Y a quién dejamos que influya en nuestras vidas? Dios nos conecta con personas porque ama a las personas. Escucha atentamente a aquellos que Dios ha enviado a tu camino.

Dime quiénes son tus amigos, y te diré quién eres. El simple pero verdadero hecho de la vida es que te pareces a aquellos con quienes te asocias estrechamente, para bien o para mal.

Cuanto menos te asocies con algunas personas, más mejorará tu vida. Si corres con lobos, aprenderás a aullar; sin embargo, si te asocias con águilas aprenderás a volar a grandes alturas. Casi todas nuestras tristezas surgen de relaciones con las personas equivocadas. E. K. Piper dijo: "Mantente fuera de la succión causada por aquellos que retroceden".

Cada vez que toleras la mediocridad en los demás, aumentas tu propia mediocridad. Deberíamos orar así: "Señor, líbrame de las personas que solo hablan de desesperación y fracaso. Más bien, concédeme la compañía de aquellos que piensan en el éxito y trabajan para lograrlo". Un verdadero proverbio búlgaro confirma: "Si te encuentras dando dos pasos adelante y uno atrás, invariablemente es porque tienes asociaciones mezcladas en tu vida". Si un holgazán no te resulta una molestia, es un signo de que tú mismo eres un poco holgazán. Un atributo importante en las personas exitosas es su impaciencia con el pensamiento negativo y las personas que actúan de manera negativa.

Un verdadero amigo es alguien que está ahí para cuidar de los demás. Se dice que un buen amigo es como una sola mente en dos cuerpos. Robert Louis Stevenson dijo: "Un amigo es un regalo que te haces a ti mismo". Descubrirás que un verdadero amigo sigue siendo amigo incluso cuando no mereces tener un amigo. Esta persona te apoyará cuando otros piensen que ya no tienes esperanza.

La sabiduría de los Proverbios afirma: *Nunca abandones a un amigo, sea tuyo o de tu padre. Cuando ocurra la calamidad, no tendrás que pedirle ayuda a tu hermano. Mejor es recurrir a un vecino que a un hermano que vive lejos* (27:10, NTV). Elige a tus asociados cuidadosamente. Este viejo dicho es cierto: "El que se acuesta con perros, se levanta con pulgas".

Un verdadero amigo ve lo que puedes llegar a ser. Considera lo que dijo Francesco Guicciardini: "Ya que no hay nada tan valioso como tener amigos, nunca pierdas la oportunidad de hacerlos".

Nunca te hagas amigo de alguien porque ambos estén de acuerdo en aspectos negativos. Más bien, encuentra amigos que estén de acuerdo contigo en aspectos positivos. Aristóteles dijo: "Mi mejor amigo es el hombre que, al desearme el bien, lo desea por mi bien". La Biblia declara: *Hierro con hierro se aguza; y así el hombre aguza el rostro de su amigo* (Proverbios 27:17). Thomas Carlyle observó: "Muéstrame al hombre que honras y te diré qué tipo de hombre eres, porque eso me muestra cuál es tu ideal de hombría y qué tipo de hombre anhelas ser".

Si quisieras enumerar tus mayores beneficios, recursos o fortalezas, descubrirías que el dinero es uno de los menos importantes, mientras que algunos de tus mayores recursos son las personas que conoces. Mi amigo Mike Murdock dijo: "Alguien siempre te está observando y es capaz de bendecirte en gran manera". Creo que Dios bendice a las personas a través de otras personas. Él tiene las asociaciones correctas para ti en tu vida.

UN VERDADERO AMIGO ES LA MEJOR POSESIÓN.

Pregunta 3

SI TÚ NO ERES TÚ, ENTONCES ¿QUIÉN VAS A SER?

No importa a dónde vayas, una cosa es cierta: las personas son muy diferentes. Me gusta observar a la gente, especialmente en los aeropuertos. Allí puedes ver todo tipo de formas, tamaños, nacionalidades y culturas. No puedo evitar sentirme fascinado, preguntándome a qué se dedican las personas o a dónde van y por qué. Dios nos hizo a cada uno de una manera muy particular.

He llegado a aceptar el hecho de que Dios sabe mucho más que nosotros sobre por qué nos formó del modo en que lo hizo.

Me hubiera gustado medir un metro noventa en lugar de un metro setenta, y tener una cabeza llena de cabello en lugar de estar quedándome casi calvo. Fui "bendecido" con cinco dientes de leche que no tenían ninguno permanente debajo. Todavía tengo uno que sigue aguantando hoy. Dios incluso me dio un bonito espacio entre los dientes frontales (piensa en David Letterman). Una de las cosas más chistosas que he experimentado en mi vida es un póster que vi de mí mismo en Monterrey,

México. El póster promocionaba un evento en el que yo iba a hablar y tenía una hermosa foto mía, la que nosotros les hicimos llegar; sin embargo, había algo diferente en esa imagen. ¡Habían retocado el espacio entre mis dientes! Ahí estaba yo, sonriendo con un hermoso conjunto de dientes sin separación frontal.

¿Por qué? No lo sé. Pero sé lo siguiente: "Si Dios hubiera querido que fuera de otra manera, me habría creado de otra manera" (Goethe). Atrévete a ser lo que eres. Decide ser tú mismo. Un proverbio congoleño afirma: "La madera puede permanecer diez años en el agua, pero nunca se convertirá en cocodrilo". La Biblia pregunta: ***¿Acaso puede un etíope*** *cambiar el color de su piel? ¿Puede un leopardo quitarse sus manchas?* (Jeremías 13:23, NTV). "Sé lo que eres. Este es el primer paso hacia ser mejor de lo que eres", aconsejó Julius Hare.

"Mi mamá me dijo: 'Si te conviertes en soldado, llegarás a ser general. Si te conviertes en monje, terminarás siendo el Papa'. En cambio, me convertí en pintor y terminé siendo Picasso", dijo el gran pintor. Nadie se hizo grande imitando. No seas una copia de algo. Deja tu propia impresión.

"La curiosa paradoja es que cuando me acepto a mí mismo tal como soy, entonces puedo cambiar", dijo Carl Rogers. Los caminos desgastados son para hombres desgastados. Friedrich Klopstock comentó: "Quien no tiene opinión propia, sino que depende de la opinión y el gusto de los demás, es un esclavo. Solo soñar con la persona que se supone que eres es desperdiciar la persona que realmente eres". Nadie está tan decepcionado y tan infeliz como la persona que toda la vida anhela ser alguien distinto a quien realmente es.

Aquellos que se editan a sí mismos para satisfacer a todos, pronto se marchitarán. Si no tienes un plan para tu propia vida, solo te convertirás en parte de la vida de otra persona. No puedes llevar dos caras bajo un solo sombrero. Nunca desees ser otra cosa que lo que eres. "Es mejor ser odiado por lo que eres, que ser amado por lo que no eres", dijo André Gide.

"Todas las personas descontentas que conozco intentan con todo empeño ser algo que no son, hacer algo que no pueden hacer", comentó David Grayson. Cuando no te atreves a ser tú mismo, te faltará confianza.

"El hombre es más interesante que los hombres. Dios lo hizo a él y no a ellos a su imagen. Cada uno es más precioso que todos", reflexionó André Gide. "Todas las cosas buenas que existen son fruto de la originalidad", dijo John Mills. Solo hay una vida para cada uno de nosotros: la nuestra. La persona que camina en los pasos de otro nunca deja sus propias huellas. Doris Mortman observó: "Hasta que hagas las paces con quien eres, nunca estarás contento con lo que tienes". La mayoría de nuestros desafíos en la vida vienen de no conocernos a nosotros mismos y de ignorar nuestras mejores virtudes reales.

La mayoría de las personas viven toda su vida como completos desconocidos para sí mismos. No dejes que eso te suceda a ti. Leo Buscaglia aconsejó: "Lo más fácil de ser en el mundo eres tú. Lo más difícil de ser es lo que otras personas quieren que seas. No permitas que te coloquen en esa posición". Lo contrario de la valentía no es el miedo. Es la conformidad. Lo más agotador y frustrante en la vida es vivirla intentando ser otra persona.

LA IMITACIÓN ES LIMITACIÓN.

Pregunta 4

¿SIENTES QUE HOY ES DIFERENTE AL AYER?

Hoy debería sentirse diferente que ayer, aunque sea de una manera muy pequeña. De lo contrario, estás estancado.

Cambio. Espero que esta palabra no te asuste, sino que te inspire. Herbert Spencer dijo: "Un ser vivo se distingue de una cosa muerta por la multiplicidad de cambios que en cualquier momento están teniendo lugar en él". El cambio es una evidencia de vida. Es imposible crecer sin cambio. Aquellos que no pueden cambiar sus mentes no pueden cambiar nada. La verdad es que la vida siempre está en algún punto de inflexión.

Yo me encontré en un punto de inflexión en 1992. Había aceptado una invitación de varias iglesias en Florida para hablar en sus servicios durante un periodo de dos semanas. Además de esas oportunidades, también me invitaron a hablar en un devocional mensual organizado por una editorial muy destacada. Era el mes de diciembre, un momento estupendo para estar en Florida.

En la editorial la pasé muy bien y fui a almorzar justo después con el equipo directivo y la esposa del dueño. No tenía idea de que mi vida estaba a punto de cambiar.

Al día siguiente recibí una llamada telefónica muy agradable del dueño. Estaban buscando a alguien para dirigir su editora de libros. Él quería un cambio. La empresa no estaba pasando por un buen momento y necesitaba desesperadamente un liderazgo fresco.

Quería conocerme y cenar conmigo lo antes posible. Tuve una buena cena y conversación tanto con él como con su esposa. No pasó mucho tiempo antes de que comenzara a hablarme sobre que tomara las riendas de su empresa. En realidad, yo no tenía ningún deseo de hacerlo. De hecho, recuerdo que pensé: *Esta es una gran manera de hacer una entrevista para un trabajo.* Terminamos nuestra cena esa noche con él ofreciéndome un puesto. Y yo no estaba interesado en absoluto.

Mi esposa, Linda, volaría a Florida para acompañarme en la segunda semana de mi gira de dos semanas. Estaba deseando que ella estuviera allí. El dueño de la editorial continuó contactándome y me pidió que tanto Linda como yo nos reuniéramos con él para hablar sobre el trabajo. Todavía no estaba interesado, pero por respeto a él (y quizás por una comida gratis), acepté la invitación.

Nuevamente tuvimos una gran reunión, y él siguió persiguiéndome para que dirigiera su empresa. Algo comenzó a cambiar dentro de mí. Empecé a sentir que tal vez Dios estaba en esa oportunidad.

Mientras seguía viajando y hablando en Florida, la idea de que Dios me estaba llamando para ayudar a transformar esa empresa se hizo más fuerte y clara. Estaba a punto de producirse un cambio en mi vida y en la vida de mi familia.

Dije sí, y en menos de un mes me encontré viviendo en Florida y dirigiendo esa empresa.

Lo que las personas quieren es progreso, siempre y cuando puedan lograrlo sin cambios. ¡Imposible! Debes cambiar y reconocer que el cambio es tu mayor aliado. La persona que nunca cambia de opinión nunca corrige sus errores. De hecho, el camino hacia el éxito siempre está en construcción.

La fórmula del éxito de ayer es, a menudo, la receta del fracaso de mañana. Considera lo que Thomas Watson, el fundador de IBM Corporation, dijo en 1943: "Hay un mercado mundial para unas cinco computadoras". ¿Dónde estaría IBM hoy si el Sr. Watson no hubiera estado dispuesto a cambiar?

No puedes llegar a ser lo que estás destinado a ser si sigues siendo lo que eres. John Patterson dijo: "Solo los necios y los muertos no cambian de opinión. Los necios no lo hacen. Los muertos no pueden hacerlo". Si no respetas la necesidad de cambio, piensa en esta pregunta: ¿cuántas cosas has visto cambiar solo en el último año?

Cuando te cambies a ti mismo, las oportunidades cambiarán. El mismo tipo de pensamiento que te llevó hasta donde estás no necesariamente te llevará a donde quieres ir. Sainte-Beuve descubrió esta verdad: "Hay personas cuyo reloj se detiene a cierta hora y que permanecen permanentemente en esa edad".

No temas al cambio; es la ley del progreso. El hombre que usa los métodos del ayer en el mundo de hoy no estará en el negocio mañana. Un tradicionalista es simplemente una persona cuya mente siempre está abierta a nuevas ideas... siempre y cuando sean las mismas de siempre. "Hay personas que no solo se esfuerzan por permanecer estáticas ellas mismas, sino que también se esfuerzan por mantener todo lo demás así. Su posición es casi chistosamente desesperada", dijo Odell Shepard.

Las personas más infelices son aquellas que más temen al cambio. Cuando se rompen patrones y tradiciones, nuevas oportunidades se producen. Defender tus defectos y errores solo demuestra que no tienes intención de dejarlos. Todo progreso se debe a aquellos que no se conformaron con dejar las cosas como estaban. No tuvieron miedo a cambiar.

EL CAMBIO NO ES TU ENEMIGO, ES TU AMIGO.

Pregunta 5

¿EL NIÑO QUE FUISTE ESTARÍA ORGULLOSO DEL HOMBRE O DE LA MUJER QUE ERES AHORA?

¿Qué tipo de marca quieres dejar? ¿Cómo quieres ser recordado? La mayoría de nosotros nunca sabremos qué se dirá en nuestro funeral, pero un hombre sí lo supo.

Alfred Nobel, el inventor de la dinamita, tuvo un despertar brusco cuando en 1888 un periódico francés publicó su obituario. Pensando que Alfred en lugar de su hermano era quien había muerto, el obituario prematuro tenía como título: "El mercader de la muerte, ha muerto".

Alfred quedó conmocionado no solo al leer su propio obituario, sino también al enterarse de que sería recordado de una manera tan negativa y destructiva; por lo tanto, en su testamento ordenó que su considerable patrimonio fuera invertido y que los intereses se otorgaran cada año como premios "a aquellas personas que durante el año anterior hayan prestado el mayor servicio a la humanidad". En la actualidad lo conocemos como el Premio Nobel.

Alfred Nobel logró transformar su imagen y su legado.

¿Cómo te gustaría ser recordado y cuál será el legado que dejarás?

A un niño de cuatro años se le pidió que diera gracias antes de la cena de Navidad. Los miembros de la familia inclinaron sus cabezas con expectativa. Él comenzó su oración dando gracias a Dios por todos sus amigos, nombrándolos uno por uno.

Luego agradeció a Dios por mamá, papá, su hermano y hermana, la abuela, el abuelo, y todos sus tíos y tías. Después comenzó a dar gracias a Dios por la comida. Dio gracias por el pavo, el relleno, la ensalada de frutas, la salsa de arándanos, los pasteles, las tortas, e incluso por la nata montada.

Entonces hizo una pausa, y todos esperaron... y esperaron. Después de un largo silencio, el joven miró a su mamá y preguntó: "Si le doy gracias a Dios por el brócoli, ¿no sabrá que estoy mintiendo?".

El carácter es el verdadero fundamento de todo éxito que valga la pena. Una buena pregunta que puedes hacerte es esta: "¿Cómo sería este mundo si todos fueran como yo?". Simplemente eres un libro que le cuenta al mundo sobre su autor. John Morley comentó: "Ningún hombre puede elevarse más allá de las limitaciones de su propio carácter".

Algunas personas intentan hacer algo para sí mismas. Otros intentan hacer algo de sí mismos. Tryon Edwards dijo: "Los pensamientos conducen a propósitos; los propósitos se manifiestan en acción; las acciones forman hábitos; los hábitos deciden el carácter; y el carácter fija nuestro destino". La Biblia afirma en Proverbios 22:1: "De más estima es el buen nombre que las muchas riquezas".

Nunca te avergüences de hacer lo correcto. Marco Aurelio exhortó: "Nunca estimes como ventajoso algo que te haga romper tu palabra o perder el respeto por ti mismo". W. J. Dawson aconsejó: "No necesitas elegir el mal; con solo dejar de elegir el bien te deslizarás lo suficientemente rápido hacia el mal. No necesitas decir 'seré malo'; solo tienes que decir 'no elegiré la elección de Dios', y la elección del mal ya está decidida". No existe tal cosa como un *mal necesario*. Phillips Brooks dijo: "Un hombre que vive bien y es recto tiene más poder en su silencio que otro en sus palabras".

La reputación de muchos hombres no reconocería su carácter si se conocieran en la oscuridad. Para cambiar tu carácter debes empezar en el centro de control: el corazón. La pérdida es inevitable cuando una persona ya no puede cumplir con los intereses de sus obligaciones morales.

Henry Ward Beecher dijo: "Ningún hombre puede decir si es rico o pobre mirando su libro de contabilidad. Es el corazón lo que hace rico a un hombre. Es rico según lo que es, no según lo que tiene". Vive de manera que tus amigos *puedan* defenderte, pero nunca tengan que hacerlo. Considera lo que dijo Woodrow Wilson: "Si piensas en lo que deberías hacer por otras personas, tu carácter se cuidará por sí solo". La excelencia en el carácter se demuestra haciendo en privado lo que haríamos con todo el mundo observando.

Permíteme plantear esta pregunta: ¿dónde haces compromisos? Deberías crecer como un árbol, no como un hongo. Es difícil ascender alto cuando tu carácter es bajo. El sermón más breve del mundo lo predica la señal de tráfico que dice: "Manténgase recto".

VIVIR UNA DOBLE VIDA TE LLEVARÁ DOS VECES MÁS RÁPIDO A NINGUNA PARTE.

Pregunta 6

¿LES DAS ESPACIO EN TU MENTE A QUIENES NO QUIEREN QUE TENGAS ÉXITO?

Un autor y conferencista al que respeto, Ron Ball, compartió esto en su blog *Ball Points*:

> Según una reseña en *The New Yorker* en 1939, la película El Mago de Oz "no muestra rastro alguno de imaginación, buen gusto o ingenio... Es un fiasco".
>
> Un crítico en *The New Republic* escribió sobre la película *Tiburón* en 1975: "Si los tiburones pudieran bostezar... presumiblemente eso es lo que hace este. Sin duda, eso es lo que yo hice durante toda esta película".
>
> La revista *Current History* imprimió esto en 1938: "Blancanieves es un fracaso en todos los sentidos. Como figura en movimiento, es irreal. Como cara y cuerpo, es absurda. Y lo que hace es ridículo... Otra Blancanieves hará sonar la campana de la muerte de Disney".

> Un escritor en *Films in Review* escribió en 1956 sobre la estrella de la película *Love Me Tender* (Ámame tiernamente): "Elvis es un joven de corpulencia y músculos flácidos, con una cara degenerada, que canta con insinuaciones emasculadas... La forma en que una sociedad tan dinámica como la nuestra genera tal monstruosidad está fuera del alcance de esta crítica".
>
> Un crítico en la revista *New York* registró en 1977 en una reseña de la nueva película *Star Wars*: "¡Oh, nuevo mundo aburrido! Todo es tan emocionante como los reportes meteorológicos del año pasado... Todos los personajes trillados y palabrería insignificante".
>
> *National Review* publicó en 1980 que en *El imperio contraataca*: "Todo es rancio, flojo, desesperadamente estirado y pretencioso. Harrison Ford [como Han Solo] ofrece grosería como encanto".

Por supuesto que deberías aprender lo que puedas de tus críticos, pero nunca dejes que sus críticas te desanimen. A veces están totalmente *equivocados*.

Es fácil criticar y difícil construir. Recuerda que un crítico puede haber pasado por alto quién eres y qué estás tratando de lograr.

Recuerda también cómo te sientes cuando alguien te desprecia, y decide no hacer eso con otras personas.

Si necesitas evaluar a alguien, sé amable. Sé su amigo, no su crítico.

Para tener éxito en la vida debes superar los enormes esfuerzos de otros para derribarte. Cómo eliges responder a la crítica es una de las decisiones más importantes que tomas.

El primer y gran mandamiento sobre los críticos es: *No permitas que te asusten.* Charles Dodgson dijo: "Si limitas tus acciones en la vida a cosas que nadie puede criticar, no harás mucho". Nada significativo se ha logrado sin controversia, sin crítica. Cuando permites que las palabras de otros te detengan, lo harán.

Christopher Morley dijo: "La verdad es que un crítico es como una campana en un cruce de ferrocarril, sonando fuerte y vanamente mientras pasa el tren". Muchas grandes ideas se perdieron porque las personas que las tenían no pudieron soportar la crítica y se rindieron. Una de las cosas más fáciles de encontrar es el defecto. Un crítico es simplemente alguien que encuentra defectos sin una orden de registro. "Las personas más insignificantes son las más propensas a burlarse de los demás. Están a salvo de represalias y no tienen esperanza de elevarse en su propia autoestima si no es rebajando a sus vecinos", dijo William Hazlitt. Los críticos no solo esperan lo peor, sino que también sacan lo peor de lo que sucede.

Dennis Wholey advirtió: "Esperar que el mundo te trate de manera justa porque eres una buena persona es como esperar que el toro no te ataque porque eres vegetariano". Estoy de acuerdo con Fred Allen cuando dijo: "Si la crítica tuviera el poder real de dañar, a estas alturas el zorrillo estaría extinto". Recuerda esto sobre un crítico: una persona que siempre está pateando pocas veces tiene una pierna para pararse. Las mentes brillantes hablan sobre ideas, las mentes buenas hablan sobre eventos, y las mentes pequeñas hablan sobre otras personas.

No te permitas a ti mismo convertirte en un crítico. "No juzguen para que no sean juzgados" (Mateo 7:1, NBLA). Siempre convertirás un grano de arena en una montaña cuando arrojas tierra sobre otras personas. Ningún barro puede ensuciarte excepto el barro que arrojas a los demás. El que lanza barro nunca tiene las manos limpias.

No puedes esculpir tu camino hacia el éxito con comentarios hirientes. Nunca avanzarás si continuamente estás criticando a alguien. Estoy de acuerdo con John Tillotson: "No hay manera más rápida para que un hombre ponga en duda su propio valor que intentando restar valor a otros hombres". Henry Ford comentó: "Los hombres y los automóviles son muy similares. Algunos se sienten cómodos en una subida empinada; otros solo funcionan suavemente cuesta abajo. Cuando escuchas a alguien que se queja todo el tiempo, es una señal segura de que hay algo mal bajo el capó".

Si temes la crítica, morirás sin hacer nada. Si quieres un lugar bajo el sol, debes esperar algunas ampollas y algo de arena arrojada en tu cara. La crítica es un cumplido cuando sabes que lo que estás haciendo es correcto.

CUANDO DEJAS TU HUELLA EN LA VIDA, SIEMPRE ATRAERÁS BORRADORES.

Pregunta 7

¿POR QUÉ? ¿POR QUÉ NO? ¿POR QUÉ NO TÚ? ¿POR QUÉ NO AHORA?

Observé una fuerte tormenta eléctrica desde el piso cincuenta y dos del edificio donde trabajaba. Acababa de asistir a un banquete con mi esposa Linda, que estaba embarazada de ocho meses. Ambos estábamos listos para irnos a casa, así que nos aventuramos hacia nuestro auto porque solo lloviznaba, aunque la tormenta había sido bastante impresionante.

Salimos del centro de Tulsa y nos dirigimos hacia nuestro hogar en las afueras. Cuando estábamos a solo unos pocos kilómetros de distancia, giré hacia una carretera que cruza un arroyo muy conocido. Al hacer el giro, noté que la carretera estaba cubierta de agua. No parecía muy profunda, así que manejé nuestro auto, un Volkswagen Beetle, con cautela hacia el agua. Una idea estúpida.

En cuestión de momentos la corriente de agua aumentó considerablemente. Comenzamos a balancearnos de lado a lado. El auto comenzó a flotar y se movió hacia el arroyo. Pensé: *Tengo mis zapatos de golf nuevos aquí y se van a arruinar, además de este auto.* Linda pensaba: *¡Espero que no nos sumerjamos en el arroyo y nos ahoguemos!*

Era una situación muy seria. Ofrecimos una oración desesperada. De repente, nuestro auto quedó atrapado fuera de la carretera, en una zona a corta distancia del arroyo turbulento.

Decidí que teníamos que salir de ese auto rápidamente, antes de que se moviera. Le dije a Linda que bajara la ventanilla; el agua ya había alcanzado ese nivel. Sorprendentemente, Linda pudo deslizarse y salir por la ventanilla y yo hice lo mismo, agarrando mis zapatos de golf mientras salía.

Mientras caminábamos luchando contra la corriente, un trabajador de servicios de emergencia nos saludó y comenzó a ayudarnos a llegar a un terreno más alto.

Comencé cometiendo un error al decidir manejar hacia esa zona de agua; pero terminé con la decisión que nos salvó la vida al salir de allí lo más pronto posible.

La mayoría de nuestras decisiones no son tan dramáticas como esta; sin embargo, en ocasiones una decisión aparentemente insignificante se convierte en una de las más importantes que podemos tomar. Las personas exitosas toman decisiones, incluso si eso significa que a veces estarán equivocadas.

"Mi decisión es 'tal vez', ¡y eso es definitivo...!". ¿Suena esto como algo que tú dirías? Ser decidido es esencial para una vida exitosa. Si te niegas al compromiso, ¿qué harás con tu vida? Cada logro, sea grande o pequeño, comienza con una decisión.

La elección, no el azar, determina el destino. No puedes pegarle a la pelota con el bate en el hombro. Nada grandioso se logra sin un acto de decisión. Demasiadas personas pasan por la vida sin saber lo que quieren, pero están seguros de que no lo tienen. Herbert Prochnow dijo: "Llega un momento en que debemos elegir firmemente el curso que seguiremos, o la implacable deriva de los eventos tomará la decisión por nosotros".

Demasiadas personas son como carretillas, remolques o canoas. Necesitan ser empujadas, arrastradas o remadas. O estás moviendo a otras personas hacia decisiones, o te están moviendo a ti. Decide hacer algo ahora para mejorar *tu* vida. La decisión es tuya.

David Ambrose comentó: "Si tienes la voluntad de ganar, has logrado la mitad de tu éxito; si no la tienes, has logrado la mitad de tu fracaso". Lou Holtz dijo: "Si no te comprometes completamente con lo que estás haciendo, entonces comienzas a buscar la salida la primera vez que el barco empieza a tener goteras. Es suficientemente difícil llevar el barco a la orilla con todos remando, y más aún cuando alguien se levanta y comienza a ponerse el chaleco salvavidas".

En el momento en que te comprometes, Dios también se mueve. Ocurren todo tipo de cosas para ayudarte, que de otro modo nunca habrían ocurrido. Edgar Roberts dijo: "Cada mente humana es un gran poder dormido hasta que es despertado por un deseo agudo y una resolución definitiva de actuar". Kenneth Blanchard observó: "Hay una diferencia entre el interés y el compromiso. Cuando estás interesado en hacer algo, solo lo haces cuando es conveniente. Cuando estás comprometido con algo no aceptas excusas, solo resultados". La falta de decisión ha causado más fracasos que la falta de inteligencia o de habilidad.

Maurice Switzer dijo: "Pocas veces obtienes lo que persigues a menos que sepas de antemano lo que quieres". Nuestra indecisión a menudo le da ventaja a otra persona porque él o ella pensó antes que nosotros. Helen Keller dijo: "La ciencia puede haber encontrado una cura para la mayoría de los males; pero no ha encontrado remedio para el peor de todos: la apatía de los seres humanos". Josué 24:15 nos anima: *Por mi parte, mi familia y yo serviremos al Señor* (NVI). No dejes para mañana una decisión que deba tomarse hoy.

Bertrand Russell dijo: "Nada es tan agotador como la indecisión, y nada es tan inútil". Joseph Newton discernió: "No es lo que tenemos, sino lo que usamos; no es lo que vemos, sino lo que elegimos; estas son las cosas que arruinan o bendicen la suma de la felicidad humana". No seas tibio, porque el medio del camino es el peor lugar para intentar avanzar. Puedes hacer todo lo que debes hacer una vez que tomas una decisión. Hoy, decide tu sueño.

NO HAY NADA EN EL MEDIO DEL CAMINO MÁS QUE RAYAS AMARILLAS Y ARMADILLOS MUERTOS.
—JAMES HIGHTOWER

Pregunta 8

SI PUDIERAS, ¿EN QUÉ TRABAJARÍAS AHORA MISMO?

Comencé mi primer negocio cuando tenía doce años de edad. No fue idea mía, sino de mi papá. Él incluso me ayudó a conseguir una tarjeta de presentación que decía: "Corte de pasto. Semanal o según se necesite".

Durante los siguientes cuatro años podé aproximadamente ocho jardines por semana. Muchos de esos eran para consultorios médicos y negocios ubicados a lo largo de una carretera transitada. Todavía recuerdo muchos días montado en mi bicicleta, con una mano en el manillar sosteniendo la bicicleta y una escoba, y la otra mano tirando del cortacésped mientras me dirigía a mi siguiente cliente. Gané y ahorré una cantidad decente de dinero para la universidad haciendo eso. Más adelante terminé vendiendo mi pequeño negocio de corte de pasto a un niño del barrio por un par de cientos de dólares. Pero lo más importante que aprendí desde temprano fue cómo trabajar y cuán importante es el trabajo.

No puedes cumplir tu destino con una teoría. Se necesita *trabajo*. Estás hecho para la acción. Es mucho más natural para ti estar haciendo algo que estar sentado. El éxito simplemente toma buenas ideas y las pone en acción. Lo que significa el *sistema de libre empresa* es que, cuanto más emprendedor seas, más libre serás. Lo que el país necesita es menos énfasis en *libre* y más en *empresa*.

Escucha a Shakespeare: "Nada puede surgir de la nada". Una creencia no vale nada a menos que se convierta en acción. La palabra *trabajo* no es un concepto abstracto; aparece en la Biblia más de quinientas veces. A menudo, la respuesta sencilla a tu oración es: *ponte a trabajar*.

David Bly dijo: "Luchar por el éxito sin trabajo duro es como tratar de cosechar donde no sembraste". Lo que crees no vale mucho a menos que te haga salir de la grada y entrar a la cancha de juego. No puedes simplemente soñar o imaginarte a ti mismo lo que podrías ser. La única vez que una persona perezosa tiene éxito es cuando trata de no hacer nada. Benjamín Franklin lo expresa mejor: "La pereza viaja tan lentamente que la pobreza pronto la alcanza".

Una persona que pierde enormes cantidades de tiempo hablando sobre el éxito, ganará el "premio" del fracaso. Cuando eres perezoso, tienes que trabajar el doble. Siempre es un momento difícil para la persona que constantemente intenta obtener algo a cambio de nada. Dios no hace jugo de manzana, hace manzanas.

Algunos dicen que *nada* es imposible; sin embargo, hay muchas personas que no hacen *nada* todos los días.

Algunos hacen cosas, mientras que otros se sientan a convertirse en expertos sobre cómo podrían hacerse las cosas. El mundo está dividido en personas que hacen cosas y personas que hablan sobre hacer cosas. Forma parte del primer grupo: hay mucha menos competencia.

No estamos cargados con trabajo. Estamos bendecidos con él. "Los hombres son todos iguales en sus promesas. Solo difieren en sus acciones", dijo Molière. Desear nunca hizo rico a un pobre. Robert Half lo expresó claramente: "La pereza es el ingrediente secreto que conduce al fracaso, pero solo se mantiene en secreto para la persona que fracasa".

Dite a ti mismo lo que Brendan Francis dijo: "Las inspiraciones nunca se comprometen por mucho tiempo; exigen un matrimonio inmediato con la acción". Si se supiera la verdad, la mayoría de nuestros problemas surgen de holgazanear cuando deberíamos estar trabajando, y de hablar cuando deberíamos estar escuchando.

NINGUNO DE LOS SECRETOS DEL ÉXITO FUNCIONARÁ A MENOS QUE TÚ LO HAGAS.

Pregunta 9

¿CUÁL ES TU EXCUSA FAVORITA? ¿POR QUÉ LA SIGUES USANDO?

Pasé varios de mis primeros años como consultor para iglesias. Ayudaba con la planificación estratégica, descripciones de trabajo, mercadotecnia, cuestiones salariales y muchas otras áreas prácticas del ministerio.

Una de las cosas que siempre trataba de hacer con un nuevo cliente era asistir a su servicio dominical. Dado que este es su "producto" principal, esperaba experimentarlo de primera mano. También quería actuar como un tipo de "comprador secreto". En otras palabras, entraba y veía cómo me recibían, si resultaba fácil saber dónde dejar a los niños, cómo era el sonido en el santuario y muchas otras cosas.

Nunca olvidaré una iglesia a la que estaba ayudando que tenía un líder de adoración muy alto. De hecho, medía casi dos metros. En este servicio dominical, el pastor, el pastor asociado y el líder de adoración se sentaban en la plataforma de cara a los miembros. El servicio comenzó y empezó la adoración. Esta iglesia no usaba himnarios; en su lugar, un proyector mostraba las palabras de cada canto en la pared detrás del líder de adoración.

Observé atentamente y noté que debido a que el líder de adoración era tan alto, la proyección tenía que moverse hacia arriba en la pared; por lo tanto, las dos o tres primeras líneas de cada canción terminaban en el techo. La gente no cantaba esas líneas, solo cantaba las líneas que aparecían en la pared.

Después del servicio matutino, el pastor, su equipo y yo fuimos a almorzar. Me hicieron preguntas sobre el servicio y comenzamos a discutir todo lo que había sucedido. Pregunté: "¿Han notado que la congregación no comienza a cantar hasta que llegan a la tercera o cuarta línea del canto?".

"¡Sí!", exclamaron tanto el pastor como el líder de adoración. "Hemos estado trabajando mucho para lograr que la congregación participe desde el comienzo de cada canto. Lo hemos intentado con cantos nuevos, con cantos muy conocidos, lo hemos intentado con cantos populares, ¡pero parece que nada funciona! No comienzan a cantar hasta la tercera o cuarta línea de cada canto". Pude darme cuenta de que estaban bastante molestos con los miembros de su iglesia.

No pude evitar sonreír y pensar en cómo es que estaban pagando por el consejo que estaba a punto de darles. Los miré y les dije: "¿Saben que tienen que colocar las dos o tres primeras líneas de cada canto en el techo porque su líder de adoración es muy alto?".

No tenían ni idea. Estaban buscando todas las razones (o tal vez todas las excusas) sin considerar que ellos mismos podrían ser parte del problema. El pastor y yo todavía nos reímos de ese día chistoso casi treinta años después.

Tratas a los demás correctamente cuando no los culpas por algo que en verdad es culpa tuya. "No importa a quién elogies, pero cuídate mucho de a quién culpas", dijo Edmund Gosse. Puedes caer muchas veces, pero no serás un fracaso hasta que digas que otra persona te empujó.

Cuando se trata de excusas, el mundo está lleno de grandes inventores. Algunos pasan la mitad de su vida diciendo lo que van a hacer, y otros pasan la mitad de su vida explicando por qué no lo hicieron. Una excusa es la prueba de que sí hiciste lo que no hiciste para que otros piensen que no hiciste lo que hiciste.

Puedes fallar muchas veces, pero no serás un fracaso hasta que comiences a culpar a otro. Nuestros propios errores fallan en su misión de ayudarnos cuando culpamos de ellos a otras personas. Cuando usas excusas, renuncias a tu poder de cambiar.

Si puedes encontrar una excusa, no la uses. La mayoría de los fracasados son expertos en poner excusas. Siempre hay bastantes disponibles si eres lo suficientemente débil para usarlas. El mundo simplemente no tiene suficientes muletas para todas las excusas lamentables. Siempre es más fácil encontrar excusas en lugar de tiempo para las cosas que no queremos hacer.

Por lo tanto, encuentra una manera: no hay excusa para un ser humano lleno de excusas. Alguien que comete un error y luego pone una excusa por ello, está cometiendo dos errores. Observa esta verdad de William Blake: "El zorro condena la trampa, no a sí mismo". ¡No te encuentres hablando como ese viejo zorro!

Nunca te quejes y nunca des explicaciones. "Admitir errores borra la cuenta y demuestra que eres más sabio que antes", dijo Arthur Guiterman. Hacer un trabajo bien hecho siempre es más fácil que fabricar una excusa para justificar por qué no lo hiciste. El tiempo desperdiciado pensando en excusas y coartadas siempre se empleará mejor orando, planificando, preparándote y trabajando hacia tus metas en la vida.

EL OBJETO MÁS IMPRODUCTIVO JAMÁS FABRICADO ES UNA EXCUSA.

Pregunta 10

¿QUÉ ES ALGO QUE PODRÍAS HACER POR ALGUIEN QUE NO TIENE MODO ALGUNO DE COMPENSARTE?

¿No te encanta el hecho de que Dios conoce tu futuro? ¿Y que envía personas a tu vida porque sabe lo que necesitarás en los años y décadas por llegar? Eso es precisamente lo que hizo por mí cuando era estudiante de secundaria.

Recuerdo que un día mi papá me dijo que quería que me involucrara en algo. Como la mayoría de los niños, era reacio a hacer cualquier cosa que mis padres quisieran que yo hiciera, en especial si no implicaba deportes o comida.

Mi papá había conocido a un hombre llamado Bob Leiman, y se habían hecho amigos. Bob era subdirector en una escuela local de secundaria y también conferencista profesional. Había tenido una idea única que quería comenzar. La mejor manera de describirla sería como un club de maestros de ceremonias para estudiantes de secundaria. Lo llamó "Junior Optimist".

Mi papá conocía bien lo de ser maestro de ceremonias y pensó que yo podría beneficiarme aprendiendo a hablar delante de la gente. En ese momento no tenía ningún interés en absoluto en eso.

A regañadientes fui con mi papá a esa primera reunión. Era un martes en la noche, y la reunión se llevaba a cabo en un antiguo local de la Asociación Cristiana de Jóvenes (YMCA) en el centro de Fort Wayne, Indiana. Recorrimos pasillos oscuros y húmedos hasta llegar a una habitación donde se celebraría la reunión. Abrimos la puerta y no había nadie. Una gran sonrisa se dibujó en mi rostro. Estaba muy contento de que el lugar estuviera vacío.

Pronto descubrimos que habíamos llegado en el día equivocado. La reunión era el jueves, no el martes; por lo tanto, el jueves en la noche mi papá me llevó de nuevo al centro para asistir a esa reunión de "Junior Optimist". Fue allí donde conocí a Bob Leiman. Y fue allí donde estaba a punto de aprender algunas cosas que me bendecirían a mí y, humildemente, a cientos de miles de personas más por el resto de mi vida.

Participé en el club como todos los demás, pero Bob parecía tener un interés personal en mí. Comenzó a conversar conmigo sobre hablar fuera del club. Me llevó a lugares para ser yo mismo el conferencista. Hablé en clubes de Leones, clubes de Rotarios, clubes *Optimist* y muchas otras reuniones cívicas. Probablemente me perdí más de treinta almuerzos en la escuela de secundaria porque estaba fuera hablando.

Pronto comenzaron a abrirse puertas para que participara en concursos de oratoria, y me encontré ganando varios de ellos. Terminar en segundo lugar en un concurso nacional de oratoria patrocinado por *Reader's Digest* y los Boy Scouts de América fue particularmente memorable. Todo esto se podía atribuir directamente a que mi papá me obligó a ir a esas reuniones, y a Bob Leiman por ayudarme, creer en mí y entrenarme.

Aunque Bob no conseguía nada con ello, él quería ayudar a los demás. Desde entonces, he dado cientos de discursos a cientos de miles de personas. Gracias, papá y Bob.

Si solo te preocupas por ti mismo, ¡cuidado! Wesley Huber dijo: "No hay nada tan muerto como un hombre egocéntrico, un hombre que se considera alguien exitoso por sí mismo, que se mide a sí mismo en función de sí mismo y está satisfecho con el resultado". ¿Tu pronombre favorito es *Yo*? La única razón por la que el orgullo te levanta es para dejarte caer.

Norman Vincent Peale observó: "El hombre que vive para sí mismo es un fracaso. Incluso si gana mucha riqueza, posición o fortuna, sigue siendo un fracaso". La vanidad nos hace necios. ***¿Has visto a un hombre que se tiene por sabio? Más esperanza hay para el necio que para él*** (Proverbios 26:12, LBLA). El hombre que cree solamente en sí mismo vive en un mundo muy pequeño.

La mejor manera de ser feliz es olvidarte de ti mismo y enfocarte en otras personas. Henry Courtney dijo: "Mientras más grande es la cabeza de un hombre, más fácil es llenar sus zapatos". Una cabeza grande siempre demuestra que hay mucho margen de mejora.

"Los mayores lentes de aumento en el mundo son los propios ojos de un hombre cuando mira su propia persona", dijo Alexander Pope. El egoísmo es la única enfermedad en la que el paciente se siente bien mientras hace que todos los demás a su alrededor se sientan enfermos. Florece; pero no da fruto. Aquellos que proclaman sus propios elogios rara vez reciben un "repítelo, por favor". Charles Elliot entonó: "No pienses demasiado en ti mismo. Trata de cultivar el hábito de pensar en los demás; esto te recompensará. El egoísmo siempre trae consigo su propia venganza".

Cuando estás montado en un caballo alto, lo mejor que puedes hacer es bajarte de inmediato. No puedes impulsarte hacia adelante dándote palmaditas en la espalda. Burton Hillis comentó: "Está bien creer en nosotros mismos, pero no debemos convencernos con demasiada facilidad". Un egotista es su propio mejor amigo. El individuo que está profundamente enamorado de sí mismo debería divorciarse.

A las personas que se jactan de haber logrado el éxito por sí mismas, por lo general les suelen faltar algunas piezas. Puedes reconocer a alguien que se ha "creado a sí mismo"; tiene la cabeza demasiado grande y los brazos lo suficientemente largos como para darse palmaditas en la espalda. Las personas presumidas nunca llegan a ninguna parte porque piensan que ya están allí.

Cambiemos nuestro pronombre favorito de "yo" a "tú".

INCLUSO LOS SELLOS POSTALES SE VUELVEN INÚTILES CUANDO SE QUEDAN PEGADOS A SÍ MISMOS.

Pregunta 11

¿QUÉ PROGRESO ESTÁS OBSTACULIZANDO?

Una anciana entró en una iglesia local rural. El amable ujier la saludó en la puerta y la ayudó a subir las escaleras.

—¿Dónde le gustaría sentarse? —le preguntó cortésmente.

—En la primera fila, por favor —respondió ella.

—En verdad, no se lo recomiendo —dijo el ujier—. El pastor es muy aburrido.

—¿Sabe usted quién soy yo?

—No.

—Soy la mamá del pastor —replicó ella indignada.

—¿Y usted sabe quién soy yo?".

—No.

—Bien —contestó él.

Debemos hacer todo lo posible para no estorbar nuestro propio camino. Stewart Johnson dijo: "Nuestro propósito en la vida no es adelantar a otros, sino adelantarnos a nosotros mismos: romper nuestros propios récords, superar nuestros ayeres con el presente, hacer nuestro trabajo con más fuerza que nunca antes". Si quieres saber quién es el responsable de la mayoría de tus problemas, mírate al espejo. Si pudieras patear al responsable de la mayoría de tus problemas, no podrías sentarte durante tres semanas. Es hora de que dejemos de ponernos obstáculos a nosotros mismos.

La mayoría de los obstáculos con los que tropiezan las personas salen de sus propios sombreros. Luis XIV dijo: "Poco puede resistir a un hombre que puede conquistarse a sí mismo". La sabiduría de la Biblia afirma: *Como ciudad sin defensa y sin murallas es quien no sabe dominarse* (Proverbios 25:28, NVI).

"Tu futuro depende de muchas cosas, pero principalmente de ti", dijo Frank Tyger. Puedes tener éxito aunque nadie más crea en ti; pero nunca tendrás éxito si no crees en ti mismo. Zig Ziglar observó: "Lo que imaginas en tu mente, tu mente trabajará para lograrlo. Cuando cambias tus imágenes, automáticamente cambias tu desempeño". Te convertirás en cualquier cosa que adjuntes consistentemente a las palabras "Yo soy".

Ralph Waldo Emerson dijo: "Es imposible que un hombre sea engañado por nadie más que por sí mismo". Gana control sobre tu mente, o ella ganará control sobre ti. Tu imaginación dicta tu apertura a una dirección positiva. Como señaló Norman Vincent Peale: "No construyas obstáculos en tu imaginación. Recuérdate a ti mismo que Dios está contigo y que a Él nada puede derrotarlo".

"Nuestros mejores amigos y nuestros peores enemigos son los pensamientos que tenemos sobre nosotros mismos", dijo el Dr. Frank Crane. Deja de mirar solo donde estás y comienza a mirar lo que puedes ser. La Biblia declara: *Porque cual es su pensamiento en su corazón, tal es él* (Proverbios 23:7). Ten cuidado con tus pensamientos. Pueden convertirse en palabras en cualquier momento y en acciones muy pronto. Pensar incorrectamente casi siempre conduce a la desgracia.

Nadie puede derrotarte a menos que primero te derrotes a ti mismo. La autoimagen establece los límites y las fronteras de nuestros logros individuales. Charles Colton dijo: "Estamos seguros de ser perdedores cuando discutimos con nosotros mismos; es una guerra civil". Si dudas de ti, escucha a Alejandro Dumas: "Una persona que duda de sí misma es como un hombre que se alista en las filas de su enemigo y toma las armas contra sí mismo". Tim Redmond aconsejó: "No cometas traición contra tu propia vida y propósito".

Tu mundo existe primero dentro de ti. Marion Crawford dijo: "Cada hombre lleva consigo el mundo en el que debe vivir". ¿Tienes problemas para escuchar a Dios? Según Bob Harrison: "Cuando Dios habla, tu mente será tu mayor enemigo". ¿Estás enfrentando grandes obstáculos en la vida? James Allen observó: "Tú eres el obstáculo que debes enfrentar. Tú eres quien debe elegir su lugar". Recuerda que eres tu propio médico cuando se trata de curar los pies fríos, la cabeza caliente y una actitud rígida.

ADELÁNTATE A TI MISMO.

Pregunta 12

¿QUÉ MENTIRAS ESTÁS CREYENDO HOY?

¿Qué mentiras estás creyendo hoy? Una de las mayores mentiras que creemos es lo que concluimos cuando nos comparamos con los demás. Nunca es justo compararse.

El desafío es que estamos viendo el "mejor momento" de otra persona, pero desde la perspectiva de nuestra rutina diaria. Lo que nos hace sentir descontentos es la necia creencia de que los demás son mucho más felices que nosotros.

En una poderosa leyenda cherokee sobre dos lobos, un anciano jefe estaba enseñando a su nieto sobre la vida. "Hay una pelea dentro de mí", le dijo al niño. "Es una pelea terrible, y es entre dos lobos. Uno es malvado. Es ira, envidia, tristeza, arrepentimiento, codicia, arrogancia, autocompasión, culpa, resentimiento, inferioridad, mentiras, falso orgullo, superioridad, duda de uno mismo y ego.

"El otro es bueno. Es alegría, paz, esperanza, serenidad, humildad, amabilidad, benevolencia, empatía, generosidad, verdad, compasión y fe. La misma pelea está ocurriendo dentro de ti, y también dentro de cada persona".

El nieto pensó por un momento y luego preguntó: "¿Qué lobo ganará?".

El jefe simplemente respondió: "El que alimentes".

Siempre tenemos una opción en cuanto a cómo reaccionaremos a un suceso o acción. Nuestra respuesta está determinada por el lobo que alimentemos.

La envidia es la más ridícula de las ideas, ya que no hay ninguna ventaja que se pueda obtener de ella. Como dice un viejo refrán: "Cuando comparas lo que deseas con lo que tienes, serás infeliz. En cambio, compara lo que mereces con lo que tienes y descubrirás la felicidad".

No es intentar mantenerse al nivel de los vecinos lo que causa tantos problemas. Es intentar superarlos. Washington Allston reflexionó: "La única competencia digna de una mente sabia es con uno mismo". Nada te demora con más rapidez que intentar mantenerte al paso de las personas que ya están allí. Y esto también es cierto: *nada* es como parece.

Si la envidia fuera una enfermedad, todos estarían enfermos. Francis Bacon dijo: "La envidia no tiene días festivos. No tiene descanso". La envidia por la que nos comparamos con los demás es una tontería: *Pero solo se comparan el uno con el otro, empleándose a sí mismos como estándar de medición. ¡Qué ignorantes!* (2 Corintios 10:12, NTV).

La envidia es una de las formas más sutiles de juzgar a los demás. Richard Evans dijo: "No permitamos nunca que las cosas que no podemos tener, o no tenemos, o no deberíamos tener, arruinen nuestro disfrute de las cosas que sí tenemos y podemos tener". Lo que nos hace sentir descontentos con nuestra condición personal es la absurda creencia de que los demás son mucho más felices que nosotros. Thomas Fuller dijo: "La comparación, más que la realidad, hace a los hombres felices o desdichados".

Helen Keller dijo: "En lugar de comparar nuestra suerte con la de aquellos que son más afortunados que nosotros, deberíamos compararla con la suerte de la gran mayoría de nuestros semejantes. Entonces, parece que estamos entre los privilegiados". La envidia no consume nada más que su propio corazón. Es una especie de admiración por aquellos a quienes menos quieres elogiar.

Un proverbio irlandés dice: "Tienes que crecer por ti mismo, sin importar cuán alto haya sido tu abuelo". Descubrirás que es difícil ser más feliz que los demás si crees que los demás son más felices de lo que realmente son. Preocúpate por lo que otras personas piensan de ti y tendrás más confianza en su opinión que en la tuya propia. Pobre es aquel cuyos placeres dependen del permiso y la opinión de los demás.

San Crisóstomo reflexionó: "Así como una polilla roe una prenda, la envidia consume al hombre". Si la envidia tuviera forma, sería un bumerán. Hay muchos caminos hacia una vida fracasada, pero la envidia es uno de los más cortos.

LA COMPARACIÓN Y LA ENVIDIA, MÁS QUE LA REALIDAD, HACEN QUE LAS PERSONAS SEAN FELICES O TRISTES.

Pregunta 13

¿ES ESTO LO MEJOR DE TI?

Una escuela pública de secundaria en Queensland, Australia, tiene este mensaje de correo de voz cuando llamas a la escuela:

> ¡Hola! Has llamado al servicio automatizado de respuesta de tu escuela. Para ayudarte a conectarte con el miembro del personal adecuado, por favor escucha todas las opciones antes de hacer una selección:
>
> Para mentir sobre por qué tu hijo está ausente, pulsa 1.
>
> Para poner excusas sobre por qué tu hijo no hizo su tarea, pulsa 2.
>
> Para quejarte de lo que hacemos, pulsa 3.
>
> Para insultar a los miembros del personal, pulsa 4.
>
> Para preguntar por qué no recibiste información que ya estaba incluida en tu boletín y varios folletos enviados por correo, pulsa 5.

Si quieres que nosotros criemos a tu hijo, pulsa 6.

Si quieres contactar y abofetear o golpear a alguien, pulsa 7.

Para solicitar otro maestro por tercera vez este año, pulsa 8.

Para quejarte del transporte escolar, pulsa 9.

Para quejarte de los almuerzos escolares, pulsa 0.

Si te das cuenta de que este es el mundo real y que tu hijo debe ser responsable y rendir cuentas por su propio comportamiento, trabajo en clase y tareas, y que no es culpa de los maestros la falta de esfuerzo de tu hijo: cuelga ¡y que tengas un buen día!

Podemos aprender mucho de este mensaje. Vivir una vida de excelencia depende de nosotros.

Richard Huseman dijo: "Sé impulsado por la excelencia. Para ser impulsados por la excelencia, al final de cada día, cada mes, cada año, y de hecho al final de la vida misma, debemos hacernos una pregunta importante: ¿hemos exigido lo suficiente de nosotros mismos, y con nuestro ejemplo hemos inspirado a los que nos rodean a esforzarse al máximo y alcanzar su mayor potencial?".

Las personas débiles causan más daño que las personas malvadas. Los problemas de este mundo han sido causados por la debilidad de la bondad más que por la fuerza del mal. La verdadera medida de una persona está en la altura de sus ideales, la amplitud de su compasión, la profundidad de sus convicciones y la duración de su paciencia.

Eddie Rickenbacker nos animó: "Piensa positivamente y con maestría, con confianza y fe, y la vida se vuelve más segura, más llena de acción, más rica en logros y experiencias". Logras según lo que crees.

"De todos los caminos que un hombre podría tomar, hay, en cualquier momento, un camino mejor... algo que, aquí y ahora, sería lo más sabio para él... encontrar este camino y caminar por él es lo único necesario para él", reflexionó Thomas Carlyle. La línea de pensamiento correcta te llevará a una mejor posición en la vida.

Intentar hacer lo mejor y seguir siendo esencialmente nosotros mismos son, en realidad, una misma cosa. El entrenador John Wooden dijo: "El éxito es la paz mental, que es el resultado directo de saber que hiciste tu mejor esfuerzo para convertirte en lo mejor que eres capaz de ser". Un secreto del éxito es poder avanzar sin pisar los dedos de nadie.

Si buscas grandeza, olvídate de la grandeza y pide la voluntad de Dios. Encontrarás ambas. Harold Taylor dijo: "Las raíces del verdadero logro residen en la voluntad de convertirte en lo mejor que puedes ser". Eleva tus estándares personales de calidad. Agrega un 10 por ciento más a lo que creías que era lo suficientemente bueno por ahora. Mejor es mejor.

El mayor error que puedes cometer en la vida es no ser fiel a lo mejor que conoces. George Bernard Shaw comentó: "Mantente limpio y brillante; tú eres la ventana a través de la cual debes ver el mundo". Sigue el consejo de Ralph Sockman: "Da lo mejor que tienes a lo más alto que conoces, y hazlo ahora".

SIEMPRE ES EL MOMENTO ADECUADO PARA HACER LO CORRECTO.

Pregunta 14

¿QUÉ ES PEOR, FALLAR O NO INTENTARLO NUNCA?

A veces siento que soy una autoridad en fracasos y errores. Tengo mucha experiencia.

Años atrás me invitaron a hablar en una iglesia a la que nunca había ido, para un pastor que nunca había conocido. Tenía un vuelo en la mañana temprano, así que me levanté antes del amanecer para terminar de empacar. Puse todo en mi maleta y me apresuré hacia el aeropuerto.

Después de treinta minutos en el aire comencé a repasar mi mañana, revisando en mi mente todo lo que había empacado. ¿Traje? Sí. ¿Camisas? Sí. ¿Zapatos? Sí.

De repente me pregunté: *¿Traje mis notas?* Sí. *¿Mi Biblia?* Un momento... No estaba seguro. Inmediatamente revisé mi bolsa de mano. ¡No había Biblia! No estaba en ninguna parte, sin importar cuántas veces buscara en mi bolsa.

Me sentí un poco nervioso. Allí estaba, volando a una nueva iglesia dirigida por un pastor que nunca había conocido. No quería bajar del avión, presentarme y entonces decir: "Pastor, ¿me puede prestar su Biblia?". Solo podía imaginarlo pensando: *¿A quién le he confiado mi servicio dominical?*

Tenía que hacer algo con respecto a esta situación. Se me ocurrió lo que pensé que era una buena idea: encontraría una librería en el aeropuerto y compraría una Biblia. Pero entonces pensé en lo que probablemente estás pensando tú: *Nunca he visto que vendan Biblias en el aeropuerto*. Comencé a desesperarme.

Bajé del avión lo más rápido que pude y fui directamente a la primera tienda que encontré que vendía libros. "¿Venden Biblias?", pregunté con esperanza. "No", fue la respuesta inmediata. Me apresuré a buscar otra tienda y pregunté por una Biblia. Nuevamente la respuesta fue no, pero la dependienta me ofreció algo de esperanza. Dijo: "Creo que la librería en la otra terminal vende Biblias, así que debería ir allí".

En ese momento debería haber estado en la zona de recogida de equipaje recogiendo mi maleta, pero decidí correr hacia la otra terminal en un último intento desesperado por conseguir una Biblia. Pasé una puerta tras otra antes de ver una librería. Me dirigí directamente a la cajera, y un poco falto de aliento pregunté: "¿Venden Biblias?".

"Sí", respondió ella alegremente. "Iré a traer una". Aliviado, esperé. Solo un minuto después, ella regresó y me entregó una pequeña Biblia blanca, del tipo que se regala en los bautismos. Pensé: *No metí ningún traje blanco, camisa blanca, corbata blanca y zapatos blancos. ¡No puedo predicar con esta pequeña Biblia blanca!* Pero estaba desesperado, así que procedí a comprarla.

Rápidamente salí de la terminal y bajé por la escalera mecánica hacia la zona de recogida de equipaje, esperando ver a alguien que "pareciera" ser un pastor. Cuando llegué abajo de la escalera mecánica, vi a un hombre solo que miraba a su alrededor. Supe que lo había encontrado.

Me acerqué directamente a él y me presenté. Él dijo: "¡Gracias a Dios que eres tú! Aquí está tu maleta, era la única que quedaba".

Caminamos hacia su auto y nos fuimos del aeropuerto. Cinco minutos después, en nuestro trayecto él preguntó: "¿Te gustaría ir a la iglesia antes de ir al hotel? Me gustaría mostrarte nuestra última reforma".

En circunstancias normales hubiera preferido ir directamente a mi habitación, pero entonces pensé: *¡Una iglesia! ¡Seguro que tienen Biblias!* Respondí con entusiasmo: "¡Sí!".

Poco después llegamos a la iglesia, y me aseguré de seguir un poco detrás del pastor. Cuando estábamos a punto de entrar en el hermoso santuario, vi una caja a mi izquierda. Tenía un letrero que decía "Objetos perdidos".

Mi corazón empezó a latir un poco más rápido. Esperaba que mi búsqueda terminara con mi dignidad aún intacta. Siguiendo al pastor, caminé junto a la caja y miré adentro. ¡Allí estaba, una hermosa Biblia! Con un movimiento suave metí la mano y "encontré" esa Biblia.

Todo ese fin de semana prediqué con "mi" nueva Biblia; sin embargo, en lo recóndito de mi mente me preguntaba si alguien en la congregación pensaría: *¡Ese tipo tiene mi Biblia!*

Antes de irme de la iglesia, discretamente devolví la Biblia al departamento de objetos perdidos. ¡Qué feliz hallazgo fue esa Biblia!

Todos cometemos errores. Algunos son chistosos, otros nos afectan toda la vida.

Esperar que la vida se ajuste perfectamente a nuestras especificaciones, es vivir una vida de frustración constante. Cuando cometas errores, simplemente aprende de ellos y no respondas repitiéndolos. George Bernard Shaw dijo: "Una vida dedicada a cometer errores no solo es más honorable, sino también más útil que una vida dedicada a no hacer nada".

David McNally reflexionó: "La vida llena de errores es mucho más rica, interesante y estimulante que la vida que nunca ha arriesgado ni tomado posición en nada". Según Tom Hopkins: "La diferencia más importante entre los campeones y las personas promedio, es su habilidad para manejar el rechazo y el fracaso". Escucha a S. I. Hayakawa: "Observa la diferencia entre lo que sucede cuando un hombre se dice a sí mismo 'He fallado tres veces', y lo que sucede cuando dice: 'Soy un fracasado'". El fracaso es una situación, nunca una persona.

Los errores frecuentemente son los mejores maestros. La Biblia dice en Eclesiastés 7:14: *En el día del bien goza del bien; y en el día de la adversidad considera.* Oswald Avery aconseja: "Siempre que caigas, recoge algo". El hombre que inventó la goma de borrar tenía una visión clara de cómo se comporta la humanidad. Descubrirás que las personas que nunca cometen errores nunca hacen nada más. Es cierto: puedes obtener ganancias de tus errores. Por eso estoy convencido de que seré millonario.

El fracaso no es caer, sino quedarse abajo. Debes ser como Jonás, que demostró que no puedes mantener abajo a un buen hombre. Proverbios 24:16 dice: *Porque siete veces cae el justo, y vuelve a levantarse.* Herman Melville escribió: "Quien nunca ha fallado en algún lugar no puede ser grande".

La persona que nunca comete errores recibe órdenes y vive su vida para alguien que sí los comete. Frederick Robertson dijo: "Ningún hombre progresó hacia la grandeza y la bondad sino a través de grandes errores". William Ward dijo: "El fracaso es demora, pero no derrota. Es un desvío temporal, no un callejón sin salida".

Thomas Edison reflexionó: "Las personas no son recordadas por cuántas veces fallaron, sino por cuántas veces tuvieron éxito". Cada paso equivocado puede conducir a otro paso hacia adelante. David Burns dijo: "Afirmen su derecho a cometer algunos errores. Si las personas no pueden aceptar su imperfección, eso es problema de ellos".

Louis Boone dijo: "No temas tanto al fracaso como para negarte a probar cosas nuevas. El resumen más triste de una vida contiene tres descripciones: podría haberlo hecho, podría haberlo intentado y debería haberlo hecho". Robert Schuller escribió: "Siempre mira lo que te queda. Nunca mires lo que has perdido". Si aprendes de ellos, los errores son útiles. Cultiva esta actitud y nunca te avergonzarás de intentarlo. Descubre las joyas que hay en tus errores.

NO PUEDES RECORRER EL CAMINO HACIA EL ÉXITO SIN TENER UNO O DOS PINCHAZOS EN EL CAMINO.

Pregunta 15

¿A QUÉ ESTÁS APUNTANDO REALMENTE?

Una mujer entró en la vida de mi esposa y la mía en un momento muy estratégico. Nadie más lo sabía, pero Linda y yo estábamos planeando mudarnos desde Florida de nuevo a Tulsa. Tuvimos muchas conversaciones sobre qué tipo de casa queríamos y dónde queríamos vivir concretamente.

Después de asistir a un servicio, esta mujer que conocíamos y respetábamos se acercó a nosotros y dijo: "Creo en mi corazón que tengo algo que compartirles del Señor". Comenzó a decir que Dios sabía lo que había en nuestros corazones y que debíamos escribirlo y recopilar la información. Incluso dijo que recortáramos imágenes de lo que era el deseo de nuestros corazones, y que Dios nos lo iba a dar. Sabíamos que esa palabra específica era para la casa que estábamos buscando.

Yo me sentí animado por eso, pero Linda llevó las palabras de la mujer a un nivel completamente diferente. Comenzó a crear un cuaderno lleno de imágenes y diagramas exactos de la casa que quería. Detalló cuántas habitaciones quería, dónde quería que estuvieran ubicadas, cuántas chimeneas, cómo debería lucir el patio, básicamente dónde estaría todo en la casa. Eso es algo que amo de mi esposa: ella hará exactamente lo que Dios le muestre que deba hacer.

Tuve que hacer un viaje a Tulsa por negocios y Linda no pudo acompañarme. Después de terminar con mis asuntos allí, decidí mirar algunas casas. Pasé todo el día viendo casas con nuestro agente de bienes raíces, pero ninguna me impresionó. Y sabía que ninguna se parecía a la casa que Linda estaba creando en su carpeta.

Al final de un largo día, decidí ir a cenar a la casa de mi amigo Tim Redman y su esposa Sandy. Mientras manejaba hacia su casa que estaba a muy poca distancia, observé un barrio que nunca había visto antes. Era un poco temprano para cenar, así que decidí entrar en la comunidad y echar un vistazo.

El barrio estaba lleno de casas hermosas, mucho más allá de lo que pensaba que podríamos permitirnos. Había solo trece casas en un gran círculo. Giré la esquina y vi una casa que tenía delante un letrero: "En venta por el constructor". Dudé en acercarme a la puerta debido al tamaño de la propiedad y la casa, pero pensé que podría investigar.

Toqué el timbre. Un hombre respondió y dijo de inmediato: "John Mason, ¿qué haces aquí en Tulsa? Pensé que te mudaste a Florida". ¡Qué sorpresa saber que era el constructor! Me reí y le dije que sí vivía en Florida, pero que estaba considerando mudarme de regreso y estaba interesado en saber un poco más sobre la casa.

Me recibió en la casa. Antes de comenzar el recorrido, le dije que mi esposa no estaba conmigo y que necesitaría que ella viera todo antes de tomar ninguna decisión. Él dijo que no había problema. De hecho, grabaría un video de toda la casa mientras la recorríamos para que yo se lo pudiera mostrar a Linda cuando regresara a Florida.

Era una casa nueva y hermosa. El constructor estaba viviendo en ella durante unos meses hasta que pudiera venderla. Mientras caminaba por la casa, pensé: *Esto tiene muchas cosas que a Linda le gustan y que ha estado escribiendo.*

Después de terminar el recorrido por la casa, le dije al dueño: "No estoy seguro de poder permitirme esta casa, pero me gusta". Él comenzó a hablarme sobre un préstamo especial para constructores que tenía sobre la casa y que podría ser asumible, lo que podría hacer que el trato funcionara para mí. Salí de allí interesado, pero indeciso. Era casi demasiado bueno para ser verdad.

Fui directamente a la casa de mi amigo Tim y comenzamos a cenar juntos. Les conté a él y a Sandy sobre la casa en venta cerca. Mientras hablaba, los ojos de Tim se hicieron más y más grandes. Él dijo: "¡Conozco esa casa! He estado allí en muchas ocasiones mientras la estaban construyendo, y por alguna razón sentí que debía caminar alrededor de la casa, orar por ella *y reclamarla para el ministerio*".

Ahora todos estábamos emocionados por esa casa. Un par de días después, regresé a casa con Linda. Tan pronto como pudimos, vimos el video de la casa. Mientras íbamos de una habitación a otra, dentro y fuera de la casa, nos emocionábamos más y más. Ella abrió su carpeta y comenzó a mostrarme lo que había escrito y lo que quería en la casa. Y esa casa coincidía exactamente con lo que ella había escrito, hasta el más mínimo detalle. Dios tenía el lugar adecuado para nosotros. Compramos esa casa y vivimos felizmente en ella por casi veinte años.

Dios tiene un lugar adecuado para ti. Requerirá enfoque. Requerirá compromiso. Requerirá persistencia. Requerirá fe. Requerirá acción.

William Locke dijo: "Puedo decirte cómo conseguir lo que quieres; solo debes mantener algo en mente y perseguirlo, y nunca dejar que tus ojos se desvíen a la derecha o a la izquierda, arriba o abajo. Y mirar atrás es fatal". Jesús advierte: "Ninguno puede servir a dos señores; porque o aborrecerá al uno y amará al otro, o estimará al uno y menospreciará al otro" (Mateo 6:24). Cuando sirves a dos señores, debes mentir a uno de ellos.

Haz *más* haciendo *menos*. Delega, simplifica o elimina las prioridades bajas lo antes posible. James Liter dijo: "Un pensamiento llevado a casa es mejor que tres que se quedan en el aire".

Hay demasiadas personas en demasiados autos, con demasiada prisa, que van en demasiadas direcciones para no llegar a ninguna parte, y por nada. "Hay muy poco tiempo para descubrir todo lo que queremos saber sobre las cosas que realmente nos interesan. No podemos permitirnos desperdiciarlo en cosas que solo nos interesan casualmente, o en las cuales estamos interesados solo porque otras personas nos han dicho lo que debiéramos ser", dijo Alec Waugh. No hay paz para la persona que no tiene enfoque.

Tim Redmond dijo: "No seas un hombre de muchos oficios y maestro de ninguno. En cambio, sé como el apóstol Pablo que escribió: 'Una cosa hago... prosigo a la meta'". Aquello en lo que pongas tu corazón determinará cómo pasarás tu vida. Carl Sandberg dijo: "Hay personas que quieren estar en todas partes a la vez, y no llegan a ninguna parte".

George Bernard Shaw escribió: "Dale a un hombre salud y un rumbo que seguir, y nunca se detendrá para preocuparse de si es feliz o no". Sabemos que Walt Disney fue exitoso. Tal vez la clave de su éxito se encuentra en su confesión: "Amo a Mickey Mouse más que a cualquier mujer que haya conocido". ¡Eso es enfoque!

Vic Braden dijo: "Los perdedores tienen toneladas de variedad. Los campeones se enorgullecen simplemente de aprender a golpear los mismos aburridos tiros ganadores una y otra vez". Considera lo que dijo George Robson después de ganar las 500 Millas de Indianápolis:

"Lo único lo que tuve que hacer fue seguir girando a la izquierda".

Creo que solo encontrarás la felicidad cuando estés en una posición de ir a algún lugar con todo tu corazón, en una dirección, sin arrepentimientos ni reservas. Haz lo que estés haciendo mientras lo estés haciendo. Cuanto más complicado seas, más ineficaz te volverás.

Mark Twain dijo: "He aquí, el necio dice: 'No pongas todos tus huevos en una sola canasta', lo cual es solo una manera de decir: 'Diversifica tu dinero y tu atención'. Pero el hombre sabio dice: 'Pon todos tus huevos en una sola canasta y... vigila esa canasta'". El modo más rápido de hacer muchas cosas es hacer solamente una cosa a la vez. Solo serán recordadas aquellas personas que hayan hecho una cosa de manera excelente. No seas como el hombre que dijo: "Estoy enfocado, solo que estoy en otra cosa".

SI PERSIGUES DOS CONEJOS, AMBOS ESCAPARÁN.
—ANÓNIMO

Pregunta 16

¿ACEPTAS EL CONSEJO DE TUS MIEDOS?

Me han realizado seis cirugías de rodilla. No te recomiendo ni siquiera una. Todo comenzó con una lesión sin contacto que desgarró mi cartílago mientras jugaba al fútbol en la universidad. Con el paso de los años y después de una cirugía tras otra, el cartílago empeoró hasta el punto de necesitar una prótesis de rodilla.

Los médicos me dijeron que no obtendría los mismos resultados que la mayoría de las personas porque mi rodilla estaba en muy mal estado antes de la cirugía, pero obviamente lo necesitaba, así que seguí adelante con la cirugía de reemplazo.

Mis resultados iniciales en los primeros días fueron buenos. Parecía estar progresando bien. Entonces empecé a tener un dolor increíble en la rodilla y en la pierna. Se estaba poniendo cada vez peor. El dolor era tan intenso, que literalmente no podía ni siquiera soportar que las sábanas de la cama me tocaran la pierna. Seguí visitando a mi cirujano, y no mucho tiempo después me diagnosticó un problema inusual llamado síndrome de dolor regional complejo, a veces también conocido como distrofia simpática refleja, o RSD por sus siglas en inglés. Parece que un porcentaje muy pequeño de personas con prótesis de rodilla adquiere este terrible trastorno.

El problema persistió durante casi dos meses. Tomaba los analgésicos más fuertes posibles. Me estaban afectando la mente y solo ayudaban ligeramente con el dolor. Comencé a preguntarme, a veces en voz alta, si alguna vez volvería a caminar. El miedo estaba tratando de apoderarse de mí. Nunca me había sentido tan hundido y asustado.

Sin embargo, como lo hace siempre, Dios me dio respuestas. Contacté con una excelente doctora en manejo del dolor. Ella comenzó a tratarme con bloqueos espinales y terapia, y finalmente comencé a mejorar. Hoy puedo caminar. Mi rodilla no es perfecta, pero estoy agradecido de poder moverme. Una cosa es segura: la preocupación y el miedo nunca te hacen mejorar.

Nunca te preocupes por los problemas hasta que los problemas te preocupen a ti. Arthur Roche dijo: "La preocupación es un delgado arroyo de miedo que fluye por la mente. Si se fomenta, forma un canal en el cual se drenan todos los demás pensamientos". En cambio, haz lo que el Dr. Rob Gilbert aconseja: "Está bien sentir mariposas en el estómago. Solo asegúrate de que vuelen en formación".

Solo tu mente puede producir miedo. Jesús dijo: "*¿Quién de ustedes, por mucho que se preocupe, puede añadir una sola hora al curso de su vida?*" (Mateo 6:27, NVI).

Elegimos nuestras alegrías y nuestros miedos mucho antes de experimentarlos. Estoy de acuerdo con Helen Keller: "Me da una profunda y reconfortante sensación saber que las cosas que se ven son temporales y las cosas que no se ven son eternas". George Porter dijo: "Siempre mantente en guardia contra tu imaginación. ¡Cuántos leones crea en nuestros caminos, y tan fácilmente! Y sufrimos mucho si no hacemos oídos sordos a sus cuentos y sugerencias".

Los miedos, como los bebés, crecen más al ser alimentados. El miedo quiere crecer más rápido que un adolescente. Benjamin Disraeli dijo: "Nada en la vida es más notable que la ansiedad innecesaria que soportamos, y que generalmente creamos nosotros mismos". Debemos actuar a pesar del miedo, no por su causa. Si tienes miedo a salir al terreno de juego, nunca meterás un gol.

La hermana Mary Tricky dijo: "El miedo es la fe en que algo no va a funcionar". La Biblia dice en Salmos 46:1-2: *Dios es nuestro amparo y fortaleza, nuestro pronto auxilio en las tribulaciones. Por tanto, no temeremos, aunque la tierra sea removida, y se traspasen los montes al corazón del mar.* No temas, porque el Señor está contigo. Si le pides su ayuda, nunca te dejará enfrentar tus desafíos solo.

Lucy Montgomery dijo: "Solo parece que estás haciendo algo cuando te preocupas". La preocupación no ayuda con los problemas de mañana, pero sí arruina la felicidad de hoy. John Lubbock reflexionó: "Un día de preocupación es más agotador que una semana de trabajo". Cuando te preocupas por el futuro, pronto no habrá futuro del que preocuparse. Sin importar cuánto miedo al futuro tenga una persona, generalmente quiere estar presente para verlo. La verdad es que más personas se preocupan por el futuro de las que se preparan para él.

Shakespeare escribió: "Nuestras dudas son traidoras y nos hacen perder el bien que podríamos ganar al temer intentarlo". Emanuel Celler dijo: "No te subas los pantalones antes de llegar al arroyo".

"Si te aflige algo externo, el dolor no se debe a la cosa en sí sino a tu estimación de ella; y eso tienes el poder de revocarlo en cualquier momento", reflexionó Marco Aurelio. Los miedos mienten y nos impiden ir donde podríamos haber encontrado la victoria. Siempre hay dos voces sonando en nuestros oídos: la voz del miedo y la voz de la fe. Una es el clamor de los sentidos. La otra es el susurro de Dios. Nunca dejes que tus miedos eviten que persigas tu sueño.

LA PREOCUPACIÓN NUNCA ARREGLA NADA.

Pregunta 17

¿A QUIÉN TIENES QUE PERDONAR HOY?

Sé fuerte. Perdona a alguien que no se arrepiente. Acepta la disculpa que nunca recibirás. Antes de odiar a otra persona, detente y recuerda todo lo que Dios te ha perdonado a ti.

Probablemente, una de las mujeres más valientes y notables de la historia fue Corrie ten Boom. Ella arriesgó su vida para salvar las vidas de otros al dar cobijo a judíos durante el Holocausto. Sin embargo, debido a un informante, ella y su familia fueron arrestados, lo que resultó en la muerte de su padre. Su hermana también murió en el campo de concentración de Ravensbrück en diciembre de 1944.

Corrie finalmente pudo salir del campo de concentración debido a un error administrativo. Mientras hablaba en una iglesia sobre el perdón de Dios, se encontró cara a cara con uno de los antiguos guardias de la prisión de Ravensbrück, quien, sin reconocerla, procedió a pedirle perdón por las atrocidades que había cometido. Después de una oración, Corrie encontró la fuerza para perdonarlo esa noche. El perdón en acción es asombroso.

Nadie puede retroceder y crear un nuevo comienzo, pero todos pueden comenzar desde hoy y crear un final completamente nuevo. Lo que activa eso es el perdón.

El perdón es la clave para la paz personal. El perdón libera la acción y crea libertad. Todos necesitamos decir lo correcto después de haber hecho lo incorrecto. Lawrence Sterne dijo: "Solo los valientes saben perdonar... Un cobarde nunca perdonó; no está en su naturaleza". Josiah Bailey reflexionó: "Es verdad que aquellos que más perdonan serán más perdonados".

Uno de los secretos de una vida larga y fructífera es perdonar todo a todos cada noche antes de ir a la cama. Peter Winter dijo: "Es humano castigar, pero divino perdonar". Cuando llevas una gran carga sobre tus hombros, pierdes el balance. Si dejaras de alimentar un rencor, este moriría. No necesitas un doctor para decirte que es mejor eliminar un rencor que alimentarlo.

El perdón es algo curioso. Calienta el corazón y enfría el dolor. Es mucho mejor perdonar y olvidar que odiar y recordar. Josh Billings dijo: "No hay venganza tan completa como el perdón". La falta de perdón bloquea las bendiciones; el perdón las libera.

¿Quieres soltar el pasado y reclamar el futuro? Acepta lo que dijo Paul Boese: "El perdón no cambia el pasado, pero sí amplía el futuro". Harry Fosdick comentó: "Nadie puede estar mal con los hombres y bien con Dios". Puedes estar equivocado en medio de tener la razón si no perdonas a alguien. Como dice un proverbio yiddish: "Protesta lo suficiente diciendo que tienes la razón, y estarás equivocado".

La Biblia dice en Efesios: *Quítense de vosotros toda amargura, enojo, ira, gritería y maledicencia, y toda malicia. Antes sed benignos unos con otros, misericordiosos, perdonándoos unos a otros, como Dios también os perdonó a vosotros en Cristo* (4:31-32). Hazte esta pregunta: "Si Dios está dispuesto a perdonar, entonces, ¿quién soy yo para resistirme?".

LO MÁS PESADO QUE UNA PERSONA PUEDE CARGAR ES UN RENCOR.

Pregunta 18

¿CÓMO PUEDES CAMBIAR HOY LA VIDA DE ALGUIEN PARA MEJOR?

Una buena manera de juzgar a un hombre es por lo que dice. Una manera mejor es por lo que hace. La mejor manera es por lo que da. Elizabeth Bibesco dijo: "Benditos aquellos que dan sin recordar y toman sin olvidar". El gran problema no es entre los que tienen y los que no tienen, sino entre los que dan y los que no dan. El Señor ama al dador alegre, y todos los demás también.

Cuando el libro del autor Brian Kluth, *40-Day Spiritual Journey to a More Generous Life* [Viaje espiritual de 40 días hacia una vida más generosa] se convirtió en un éxito de ventas, fue contactado por la NBC. El reportero de televisión le preguntó: "¿Crees que Dios quiere que todos sean ricos?".

Él respondió: "No, no lo creo".

"Entonces, ¿qué crees?".

"Creo que todos necesitan aprender a ser más generosos con lo que Dios les ha dado", dijo.

"Bueno, ¿no te hizo rico tu libro al convertirse en un éxito de ventas?", preguntó el reportero.

"No", respondió Brian, "¡me ayudó a ser más generoso!".

Hay millones de personas en todo el mundo que con gusto cambiarían lugares contigo y conmigo. Nunca deberíamos perder la perspectiva de cuán bendecidos somos. Cuán "ricos" somos. Y cuánto tenemos para dar a los demás.

El secreto para vivir es dar. Charles Spurgeon dijo: "Siente por los demás: en tu bolsillo". Un proverbio indio dice: "Las personas buenas, como las nubes, reciben solo para dar". De hecho, la mejor generosidad es la que se da rápidamente. Cuando das rápidamente es como dar dos veces. R. Browne dice: "Lo que Dios hace en tu vida no es para que lo guardes para ti mismo. Él quiere que des a los demás". Lo que Él te da *a ti* puede pasar *a través* de ti.

La Biblia dice: *Más bienaventurado es dar que recibir* (Hechos 20:35). Dar es siempre el termómetro de nuestro amor. Eleanor Roosevelt dijo: "Cuando dejas de hacer una contribución, empiezas a morir". Los que solo reciben no encuentran la felicidad. Los que dan, sí. Cuando vives para otro, es la mejor manera de vivir para ti mismo. John Wesley aconsejaba: "Gana todo lo que puedas, ahorra todo lo que puedas, da todo lo que puedas". Esa es una buena fórmula para una vida exitosa.

Los suizos dicen: "Una persona codiciosa y un indigente son prácticamente lo mismo". En cuanto a dar, algunas personas no se detienen ante nada. Pero la avaricia siempre disminuye lo que se ha ganado. Mike Murdock dice: "Dar es la prueba de que has conquistado la avaricia". Cuando das solo después de que te lo pidieran, has esperado demasiado.

Muchas personas están dispuestas a dar a Dios el mérito, pero no muchos están dispuestos a darle el dinero. No engañes al Señor y lo llames ahorros. El problema de muchas personas que dan hasta que les duele... es que son muy sensibles al dolor.

Si tienes, da. Si te falta, da. G. D. Boardman dijo: "La ley de la cosecha es cosechar más de lo que siembras". Es cierto: las personas que dan siempre reciben.

Henry Drummond dijo: "No hay felicidad en tener o en recibir, sino solo en dar". La prueba de la generosidad no es necesariamente cuánto das sino cuánto te queda. Henry David Thoreau dijo: "Si das dinero, entrégate a ti mismo con él". El secreto para vivir es dar.

LO QUE DAS, VIVE.

Pregunta 19

¿TE ESTÁS DIVIRTIENDO YA?

Tengo el privilegio de ser invitado a hablar en conferencias, iglesias y convenciones. Es algo que he hecho casi toda mi vida.

Una cosa que me encanta hacer cuando hablo es comenzar mi charla con una historia humorística. Eso relaja a la audiencia y les da permiso para reírse de las historias chistosas que pueda compartir más adelante. Y creo que me muestra siendo yo mismo, que es probablemente la razón más importante por la que lo hago.

Sonreír es poderoso. Se ha demostrado que sonreír refuerza el sistema inmunológico y alivia el estrés al liberar endorfinas. Incluso los bebés nacen con la capacidad de sonreír. Desde mi punto de vista, Dios nos creó para divertirnos, reír y sonreír. Aquí hay una historia que me encanta contar al comienzo de muchas de mis charlas.

Hace mucho tiempo atrás, de camino a la escuela por la mañana, un joven se colaba en una vieja tienda de alimentación. Iba directamente a un gran barril lleno de melaza. Metía sus dedos en la melaza, la comía y luego salía corriendo por la puerta antes de que el dueño de la tienda pudiera atraparlo.

Como te puedes imaginar, al dueño de la tienda no le gustaba nada eso, así que un día decidió que iba a atrapar a ese muchacho y darle una lección.

Entonces, como siempre, el joven se dirigía a la escuela y una vez más se coló en la tienda de alimentación; pero esta vez el dueño de la tienda estaba escondido detrás de la puerta cuando el chico entró y se dirigió directamente al barril lleno de melaza.

El muchacho estaba a punto de meter los dedos en el barril de melaza cuando, de repente, el tendero saltó desde detrás de la puerta. Agarró al muchacho, lo levantó y estaba listo para lanzarlo de cabeza al barril lleno de melaza cuando escuchó al chico decir: "Señor, dame una lengua a la altura de esta gran oportunidad".

Como conferencista, estoy seguro de que puedes ver por qué me gusta usar esa historia. Y supongo que, como autor, también podría decir: "Señor, dame una pluma/un teclado que se iguale a esta gran oportunidad".

El punto es que es bueno reír. Incluso puede mejorar tu salud. La Biblia nos recuerda que "el corazón alegre constituye un buen remedio" (Proverbios 17:22). No es extraño que tanta gente esté agotada en la mañana, probablemente porque todo lo que hicieron el día anterior fue gruñir.

Hay un estiramiento facial que puedes hacer tú mismo que está garantizado para mejorar tu apariencia. Se llama una sonrisa.

Una sonrisa es una curva que nos ayuda a ver las cosas de manera clara. Es una curva que lanzas a alguien más y siempre resulta en un éxito. Una sonrisa llega lejos, pero tú eres quien debe iniciarla en su viaje. Tu mundo se verá más brillante detrás de una sonrisa; por lo tanto, sonríe con frecuencia. Dale un descanso a tu ceño fruncido.

La risa es como cambiar el pañal de un bebé; no resuelve problemas de modo permanente, pero hace las cosas más aceptables por un tiempo. La risa es el único medicamento que no necesita receta, no tiene un sabor desagradable y no cuesta dinero. Así que anímate. Un dentista es la única persona que se supone que debe verte con cara larga.

Robert Frost dijo: "La felicidad compensa en altura lo que le falta en duración". Abraham Lincoln dijo: "La mayoría de las personas son tan felices como deciden serlo". El peor día que puedes tener es el día en que no te reíste.

El optimista ríe para olvidar. El pesimista olvida reír. De vez en cuando, también podrías reírte de ti mismo; todos los demás lo hacen.

Henry Ward Beecher dijo: "Una persona sin sentido del humor es como un carro sin amortiguadores. Se sacude con cada guijarro en el camino". Toma en serio las palabras de Moshe Waldoks: "El sentido del humor puede ayudarte a pasar por alto lo poco atractivo, tolerar lo desagradable, enfrentar lo inesperado y sonreír en medio de lo insoportable". Tu día va en dirección a cómo se mueven los extremos de tu boca.

Creo que cada vez que un hombre sonríe, y aún más cuando se ríe, agrega algo a su vida. Janet Lane dijo: "De todas las cosas que llevas puestas, tu expresión es la más importante". Una buena risa es la mejor medicina, ya sea que estés enfermo o no.

Herbert Samuel dijo: "El mundo es como un espejo; frúncele el ceño y te fruncirá el ceño. Sonríe y te sonreirá también". El buen humor es contagioso, pero parece que algunas personas han sido vacunadas contra la infección. El problema de ser gruñón es que debes hacer nuevos amigos cada mes. Todo hombre que espera recibir felicidad está obligado a dar felicidad. No tienes derecho a consumirla sin producirla.

Las ruedas del progreso no son movidas por personas malhumoradas. Tom Walsh dijo: "Cada minuto que tu boca está hacia abajo pierdes 60 segundos de felicidad". Paul Bourge escribió: "La infelicidad indica un pensamiento incorrecto, igual que la mala salud indica una mala alimentación". Es casi imposible sonreír por fuera sin sentirse mejor por dentro. Si puedes reírte de algo, puedes vivir con ello.

QUIEN RÍE, PERDURA.
—ROBERT FULGHUM

Pregunta 20

¿ESTÁS ESCOGIENDO TU PROPIA HISTORIA O LA DE OTRA PERSONA?

Lo que ves no siempre es lo que obtienes. Nada es lo que parece. Por lo tanto, ten cuidado cuando compares lo que *crees* que está sucediendo en la vida de otra persona con lo que *sabes* que está sucediendo en tu vida.

Nada es más revelador en este aspecto que las fotografías que presentamos de nosotros mismos. Siempre he dicho que una buena foto es aquella que no se parece realmente a ti.

¿Has notado que la gente pocas veces se parece a su foto? Sé que yo he sido culpable de esto. Dejé mi foto de treinta y tantos años en la portada de mi libro por casi veinte años. ¡Las personas que fueron enviadas a recogerme en el aeropuerto han pasado justo frente a mí con mi libro en la mano buscando al hombre de la portada!

Supongo que todos queremos usar la mejor foto, sin importar cuándo fue tomada, porque se ve bien hoy. Y se ve aún mejor con el paso de los años.

Hace varios años atrás me encontré con un amigo al que conozco desde hace más de diez años. Me dijo: "John, veo todas las grandes cosas que Dios ha hecho en tu vida y cómo te ha hecho prosperar en todos los sentidos. Pero al comenzar a observar *tu* vida, me llené de dudas sobre lo que Dios estaba haciendo en la *mía*. Vi lo que Él había hecho en la tuya, y comencé a dudar de que Dios realmente estuviera actuando en la mía, porque no he tenido el mismo éxito".

Yo respondí: "Bueno, si es cierto que te sientes mal porque Dios ha sido bueno conmigo, ¿entonces sería cierto que te sentirías mejor si hubiera tenido terribles fracasos y me hubiera ido mucho peor en los últimos años?".

Me miró con una expresión de desconcierto y respondió: "No, eso no sería cierto".

"Bueno, si es cierto para una cosa, también lo es para la otra", dije. "Realmente, eso muestra lo inexacto que es tu pensamiento. Lo que sucede en mi vida no tiene nada que ver con lo que Dios está haciendo en tu vida".

Descubrirás que Dios raras veces usa a personas cuya principal preocupación es lo que otros están pensando. Creo que juzgar a los demás es una gran pérdida de tiempo. El juicio detiene el progreso e inhibe siempre el movimiento hacia adelante.

Algunos tienden a medir su logro por lo que otros *no* han hecho. Nunca determines tu éxito basándote en eso. Eres un termómetro o un termostato. Registras la temperatura de otra persona o la tuya propia. Pat Riley dijo: "No dejes que otras personas te digan lo que quieres". Nadie puede construir un destino personal sobre la fe o experiencia de otra persona. Jacqueline Briskin aconsejó: "No tomes la definición de éxito de otra persona como la tuya propia".

Tus defectos nunca desaparecerán llamando la atención sobre los defectos de los demás. Muchas personas tienen la idea equivocada de que pueden hacerse grandes mostrando cuán pequeños son los demás. En lugar de dejar brillar su propia luz, algunos pasan su tiempo tratando de apagar las luces de los demás. ¡Qué desperdicio!

Si piensas que te va mejor que a la persona promedio, *tú mismo* eres una persona promedio. ¿Por qué querrías compararte con alguien promedio? Demasiadas personas parecen saber cómo vivir la vida de todos los demás excepto la suya propia. Necesitamos dejar de compararnos con los demás.

NO MIDAS TU ÉXITO POR LO QUE OTROS HAN HECHO O NO HAN HECHO.

Pregunta 21

¿QUÉ TE PONE LA CARNE DE GALLINA?

Nada grande ocurre sin entusiasmo.

Mi esposa Linda y yo recordamos bien nuestra primera cita "real". Pedí prestado un auto a un amigo de ella y fuimos en una cita doble a un popular lugar de pizzas cerca de la universidad donde estudiábamos. Desde los primeros minutos juntos la estábamos pasando genial. Hablábamos como si nos conociéramos desde hacía años. Nos reíamos, nos escuchábamos con atención y simplemente disfrutábamos de una cita muy divertida. Sin embargo, a la otra pareja no le iba tan bien. Eran como dos estatuas mirándose.

Yo me sentía entusiasmado y emocionado por Linda, y después ella me dijo que sentía lo mismo por mí. Cuando terminó nuestro tiempo en el lugar de pizzas y nos dirigíamos de regreso al campus, el auto comenzó a dar tirones y se detuvo. Se había quedado sin gasolina (no, no lo hice a propósito). El dueño del auto me había dicho que el indicador de gasolina estaba roto, pero pensaba que había suficiente gasolina para nosotros. Claramente se equivocó.

Comenzamos a caminar de regreso a la escuela: los cuatro. La escuela a la que asistíamos tenía un toque de queda para las jóvenes, pero no para los varones. Sé que esto parece injusto en la actualidad, pero así eran las cosas en aquel entonces.

Mientras caminábamos, Linda se ponía cada vez más nerviosa, y era evidente que iba a llegar tarde al toque de queda. Estoy seguro de que nunca antes había estado en ese tipo de problemas, pero estábamos tan encantados con nuestro tiempo juntos que parecía que valió la pena.

Sí, ella llegó tarde; y sí, la escuela la castigó al no permitirle salir el fin de semana siguiente. Lo que habría sido un pecado mortal para ella no resultó ser tan grave porque algo bueno estaba comenzando entre nosotros. Ambos estábamos emocionados por lo que el futuro nos tenía preparado.

La emoción y el entusiasmo son la única manera de iniciar y construir cualquier cosa valiosa en tu vida. Relaciones, negocios, ministerios, relaciones personales, todos se sirven mejor en una bandeja de entusiasmo y emoción.

"Piensa con emoción, habla con emoción, actúa con emoción, y te convertirás en una persona emocionada. La vida tomará un nuevo entusiasmo, un interés más profundo y un significado mayor. Puedes hablar, pensar y actuar de manera que te vuelvas apático, monótono o infeliz. De la misma manera, puedes generar inspiración, emoción y una profunda alegría", dijo Norman Vincent Peale. Puedes tener éxito en casi cualquier cosa para la cual tengas un entusiasmo ilimitado. El entusiasmo mueve el mundo.

Según Henry Chester: "El entusiasmo no es más ni menos que la fe en acción". Tu entusiasmo refleja tus reservas, tus recursos inexplorados y tal vez tu futuro. Una verdadera diferencia entre las personas es su nivel de entusiasmo. Winston Churchill dijo: "El éxito es ir de fracaso en fracaso sin perder el entusiasmo". Nunca te elevarás hasta grandes verdades y alturas sin alegría y entusiasmo.

"Nadie mantiene su entusiasmo automáticamente", dijo Papyrus. Debe ser alimentado con nuevas acciones, nuevas aspiraciones, nuevos esfuerzos y nueva visión. Si tu entusiasmo se ha ido, es culpa tuya. Has fallado en alimentarlo. Helen Keller dijo: "El optimismo es la fe que conduce al logro. Nada se puede hacer sin esperanza o confianza".

No es nuestra posición sino nuestra disposición lo que nos hace felices. Recuerda: algunas personas se congelan en el invierno... y otras esquían. Una actitud positiva siempre crea resultados positivos. La actitud es una pequeña cosa que marca una gran diferencia. La depresión, el desánimo, el pesimismo, la desesperación, el desaliento y el miedo matan a más seres humanos que todas las enfermedades combinadas.

No puedes entregar lo prometido si tu corazón está más pesado que la carga. "Actuamos como si la comodidad y el lujo fueran los requisitos principales de la vida, cuando lo único que necesitamos para ser realmente felices es algo por lo cual estar entusiasmados", dijo Charles Kingsley. Algunas personas cuentan sus bendiciones, pero la mayoría piensa que sus bendiciones no cuentan.

Existe una correlación directa entre nuestra pasión y nuestro potencial. Puedes ser la luz del mundo, pero el interruptor debe prenderse. Ser positivo es esencial para el logro y es la base del verdadero progreso. Si vives una vida de negatividad, te encontrarás mareado durante todo el viaje. La persona que es negativa está medio derrotada antes incluso de comenzar.

Estoy de acuerdo con Winston Churchill cuando dijo: "Soy un optimista. No parece tener mucho sentido ser otra cosa". ¿Alguna vez has notado que no importa cuántas preocupaciones tenga un pesimista, siempre hay espacio para una más? Recuerda el proverbio chino: "Es mejor encender una vela que maldecir la oscuridad". Como dijo Paul Williams en *Das Energi*: "¡Vota con tu vida; vota sí!".

EL MUNDO PERTENECE A LOS ENTUSIASTAS.

Pregunta 22

¿HAS SOBREVIVIDO A LO PEOR QUE TE HA PASADO?

Todo el mundo enfrenta obstáculos. En ocasiones nosotros somos la causa de los obstáculos y a veces son otras personas. Otras veces son simplemente circunstancias o el momento. Una cosa es segura: cómo respondemos a los obstáculos marca toda la diferencia.

Como hermano mayor con dos hermanas menores, admito que muchas veces me convertí en un obstáculo para ellas. Hice muchas cosas típicas de un "hermano mayor". Si mi hermana estaba en el baño de la casa en la que crecimos, intentaba encontrar una araña que pudiera empujar por debajo de la puerta, me deleitaba al escuchar sus gritos mientras la araña se acercaba más y más.

Nuestro teléfono, que tenía un largo cordón de extensión, se usaba para crear todavía más caos cuando llamaban amigas o muchachos. Yo respondía y decía: "Un momento, está en el baño". Estiraba el teléfono hasta el baño cercano, tiraba de la cadena del inodoro con el teléfono justo encima, y entonces le pasaba la llamada a una de mis hermanas. También era común que pagara a ciertos muchachos impopulares para que tocaran el timbre de nuestra casa y preguntaran por alguna de mis hermanas.

Sí, fui un obstáculo. Afortunadamente, mis dos hermanas salieron ilesas y les va bastante bien a pesar de su hermano mayor que era un travieso.

Los obstáculos llegan, pero ningún obstáculo te deja de la manera en que te encuentra. Siempre estarás mejor o peor; la decisión depende de ti.

"Los tiempos de calamidad general y confusión han sido productivos para las mentes más grandes. El mineral más puro se produce en el horno más caliente, y el rayo más brillante surgió de la tormenta más oscura", dijo Charles Colton. La puerta a la oportunidad gira sobre las bisagras de la oposición. Los problemas son el precio del progreso. Los obstáculos de la vida están destinados a hacernos mejores, no amargados.

Los obstáculos son simplemente una llamada a fortalecer (no abandonar) tu determinación de alcanzar metas valiosas. Bob Harrison dijo: "Entre tú y cualquier cosa significativa habrá gigantes en tu camino". Oral Roberts reflexionó: "No se puede producir renovación o cambio sin confrontación". La verdad es que si te gustan las cosas fáciles, tendrás dificultades. Si te gustan los problemas, tendrás éxito.

Si tienes un sueño sin contratiempos, no tienes un sueño. Adopta la actitud de Louisa May Alcott: "No les temo a las tormentas porque estoy aprendiendo a navegar mi barco". Samuel Lover dijo: "Las circunstancias son los gobernantes de los débiles, pero son los instrumentos de los sabios". Los chinos tienen un proverbio que dice: "El diamante no puede ser pulido sin fricción, ni el hombre perfeccionado sin pruebas". Parece que las grandes pruebas son la preparación necesaria para la grandeza.

Para cada obstáculo que enfrentes, creo que Dios ha proporcionado un versículo bíblico como tu respuesta. Mike Murdock dijo: "Si Dios 'amortiguara' cada uno de tus golpes, nunca aprenderías a crecer". No dejes que tus problemas tomen la delantera. En cambio, toma tú la delantera. El problema que enfrentas es simplemente una oportunidad para que des lo mejor de ti. El conflicto es bueno cuando sabes cómo moverte con Dios.

¿Qué actitud necesitamos tener hacia las dificultades? William Boetcker dijo: "Las dificultades y luchas de hoy son el mejor precio que debemos pagar por los logros y victorias de mañana". Lou Holtz reflexionó: "La adversidad es otra manera de medir la grandeza de los individuos. Nunca he tenido una crisis que no me haya hecho más fuerte".

Verás que, cuando te encuentres con obstáculos, descubrirás cosas sobre ti mismo que nunca supiste. Los desafíos te hacen estirarte, te llevan más allá de la norma. Martin Luther King Jr. dijo: "La medida suprema del hombre no es dónde se encuentra en momentos de comodidad y conveniencia, sino dónde se encuentra en tiempos de desafío y controversia". Convertir un obstáculo en una ventaja es el primer paso necesario hacia la victoria.

Dios promete un aterrizaje seguro, pero no necesariamente un viaje tranquilo. La vida es tan incierta como el chorro de un pomelo. Considera lo que dijo Sydney Harris: "Cuando escucho a alguien decir 'la vida es difícil', siempre estoy tentado a preguntar: '¿comparada con qué?'".

Más vale que enfrentemos nuestros problemas. No podemos correr lo suficientemente rápido ni lo suficientemente lejos para escapar de todos ellos. Más bien, deberíamos tener la actitud de Stan Musial, el jugador de béisbol del Salón de la Fama. Comentando sobre cómo manejar una bola ensalivada, dijo: "Solo golpearé el lado seco de la bola". Charles Kettering dijo: "Nadie habría cruzado el océano si hubiera podido bajarse del barco en la tormenta". El desayuno de los campeones no es el cereal; son los obstáculos.

LA ADVERSIDAD TIENE SUS VENTAJAS.

Pregunta 23

¿ES VERDAD?

Un ateo llevó un caso de discriminación a los tribunales por los próximos días sagrados de Pascua y Pascua Judía. Argumentaba que era injusto que los ateos no tuvieran días reconocidos similares.

Después de escuchar la apasionada presentación, el juez golpeó su martillo y declaró: "¡Caso desestimado!".

Inmediatamente, el abogado del ateo se puso de pie y objetó la decisión. "Su Señoría, ¿cómo puede desestimar este caso? Los cristianos tienen Navidad, Pascua y otros días. Los judíos tienen la Pascua, Yom Kipur y Jánuca. Sin embargo, mi cliente y todos los ateos no tienen tales días feriados".

El juez se inclinó hacia adelante en su silla y dijo: "Pero sí lo tienen. Su cliente, abogado, está lamentablemente mal informado. El calendario dice que el 1 de abril es el Día de los Inocentes. El versículo en Salmos 14:1 dice: 'Dice el necio en su corazón: No hay Dios'. Por lo tanto, es opinión de este tribunal que, si su cliente dice que no hay Dios, entonces es un necio. Por lo tanto, el 1 de abril es su día. Se levanta la sesión".

¡Eso es decir la verdad!

No hay límite para la altura que un hombre puede alcanzar si se mantiene en el nivel. La honestidad sigue siendo la mejor política; sin embargo, hoy hay menos titulares de esa política que antes. Georges Braque dijo: "La verdad existe, solo la falsedad tiene que ser inventada". Cervantes dijo: "La verdad se elevará sobre la falsedad como el aceite sobre el agua".

No puedes estirar la verdad sin que tu historia se vuelva bastante débil. Y cuando estiras la verdad, te golpeará de vuelta. La verdad ganará cada argumento si te mantienes firme en ella el tiempo suficiente. Aunque puede que no sea popular, siempre es correcta. El hecho de que nadie quiera creer algo no evita que sea verdad.

Dos medias verdades no necesariamente constituyen toda la verdad. De hecho, ten cuidado con las medias verdades. Puede que hayas agarrado la mitad equivocada. Descubrirás que una mentira no tiene piernas; tiene que apoyarse sobre otras mentiras. La verdad es una cosa para la cual no hay sustitutos conocidos. No hay sustituto aceptable para la honestidad, y no hay excusa válida para la deshonestidad.

Nada muestra tanto la suciedad como una "mentira piadosa". A veces, una mentira comienza como una mentira piadosa, pero por lo general termina como un doble espectáculo a todo color. Puede parecerte que una mentira resolverá el presente, pero en realidad no tiene futuro.

La única manera de ser verdaderamente libre es ser una persona de verdad. El libro de Juan afirma: "Conoceréis la verdad, y la verdad os hará libres" (Juan 8:32). La verdad es poderosa y prevalecerá. La verdad sobrevive a una mentira.

Una persona sombría nunca produce una vida brillante. Herbert Casson dijo: "Muéstrame a un mentiroso y te mostraré a un ladrón". Un mentiroso no será creído incluso cuando diga la verdad. George Bernard Shaw dijo: "El castigo del mentiroso no radica en que no se le crea, sino en que él no puede creer en nadie más". Los mentirosos no tienen verdaderos amigos.

"Si mientes y luego dices la verdad, la verdad será considerada una mentira", dice un proverbio sumerio. Un hombre honesto cambia sus ideas para ajustarse a la verdad, y un hombre deshonesto altera la verdad para ajustarla a sus ideas. No hay grados de honestidad.

La Biblia dice: "Nunca se aparten de ti la misericordia y la verdad; átalas a tu cuello, escríbelas en la tabla de tu corazón" (Proverbios 3:3). Margaret Lee Runbeck dijo: "No hay poder en la tierra más formidable que la verdad". Y considera lo que dijo Pearl Buck: "La verdad siempre es emocionante. Así que dila. La vida es aburrida sin ella".

LAS MENTIRAS PIADOSAS DEJAN MARCAS NEGRAS.

Pregunta 24

¿QUÉ ES LO SIGUIENTE QUE NECESITAS HACER?

No hay nada como emprender la acción correcta en el momento adecuado para hacer lo que sabes que deberías hacer.

Mientras era el director de la editorial en Florida, también era el responsable principal de todas las adquisiciones de autores. Yo tomaba decisiones sobre qué autores publicaríamos y cuáles no, a quiénes seguiríamos y de quiénes nos mantendríamos alejados.

Desde el principio he tenido esta filosofía editorial: quiero publicar libros de autores sobre temas que estén dando fruto. En otras palabras, resultados. Desde mi punto de vista, los mejores libros son aquellos que toman lo que Dios está haciendo a través de una persona y publican ese contenido. Lamentablemente, hoy en día casi todas las decisiones de publicación de libros se basan en el historial de ventas de libros anteriores y en el tamaño de la plataforma. Pero ese es otro tema.

Nunca olvidaré una decisión editorial que impactó a más de un millón de personas. Permíteme compartirte esa historia.

Me hice amigo de un joven ministro entusiasta llamado John Bevere. John y yo no solo éramos amigos y compañeros ministros, sino también compañeros de golf. Era común en muchas de nuestras salidas de golf hablar sobre todas las cosas buenas que estaban sucediendo en su ministerio y en mis esfuerzos con la editorial.

En el trabajo, yo había sentido en mi corazón que había una necesidad de un libro sobre cómo responder cuando uno se siente ofendido. Había visto a muchas personas atrapadas por eso y sabía que un libro sobre el tema tendría una gran respuesta y ayudaría a mucha gente.

Me di cuenta cuando John empezó a compartir conmigo cómo el Señor había puesto en su corazón comenzar a predicar sobre el tema de superar las ofensas. Cuanto más escuchaba a John, más convencido estaba de que Dios lo estaba usando para ayudar a las personas con este tema. Había una respuesta increíble y mucho fruto, y John estaba muy apasionado por el tema.

En ese momento John había publicado por cuenta propia un par de libros, y su ministerio era pequeño pero creciente. Francamente, su plataforma en ese momento y su historial de ventas de libros anteriores no alcanzaban el nivel de una editorial de nuestro tamaño, pero estaba seguro en mi corazón de que él era la persona indicada para escribir el libro sobre el tema.

Decidí hablar con el dueño de la editorial, mi jefe, acerca de publicar un libro con John. Mi jefe era un hombre de negocios muy astuto. Sabía que cuando hablara con él sobre este libro tendría que poder defender las razones financieras para hacerlo.

Mientras hablaba del libro, quedó claro que él no compartía mi punto de vista, pero me dijo: "Has ganado mucho dinero para mí, así que podemos hacer este libro. Pero, si fracasa, la responsabilidad será tuya".

Respondí de inmediato: "Asumo la responsabilidad. Quiero publicar el libro".

Unos días después, John y yo programamos una salida para jugar golf. Manejé hasta el club campestre de Mount Dora, me volteé con John y le dije: "Quiero publicar un libro contigo sobre cómo superar las ofensas. Incluso tengo el título para ti. Viene de mi libro *Usted nació original; no muera como una copia*. En mi libro digo que ser ofendido es la trampa de Satanás para sacarnos de la voluntad de Dios. Creo que deberías titular este libro *La trampa de Satanás*".

Publicamos ese libro, y se convirtió en nuestro libro éxito de ventas número uno ese año. Hasta ahora ha vendido más de un millón de ejemplares en todo el mundo y se ha publicado en muchos idiomas. Ha ayudado a muchas, muchas personas.

Permíteme hacerte la antigua pregunta: ¿estás esperando a Dios o Él te está esperando a ti? Creo que la mayoría de las veces Él nos está esperando a nosotros. ¿Es Dios tu esperanza o tu excusa? Estoy convencido de que Él quiere que tomemos la iniciativa para vivir nuestra vida con una actitud ofensiva. William Menninger dijo: "La cantidad de satisfacción que obtienes de la vida depende en gran medida de tu ingenio, autosuficiencia y capacidad de adaptación. Las personas que esperan que la vida les proporcione satisfacción, en lugar de ello por lo general encuentran aburrimiento".

Elbert Hubbard comentó: "Las personas que quieren leche no deberían sentarse en un banco en medio del campo esperando a que la vaca se les acerque". La puerta de la oportunidad no se abrirá a menos que empujes.

Estar a la defensiva nunca ha producido la victoria final. Creo que Dios ayuda a los valientes. Haz como dijo Sara Teasdale: "Aprovecho al máximo todo lo que llega, y al mínimo todo lo que se va".

E. M. Bounds dijo: "En la religión bíblica no hay lugar ni ánimo para deseos débiles, esfuerzos indolentes ni actitudes perezosas; todo debe ser enérgico, urgente, ardiente. Los deseos inflamados, la insistencia apasionada y sin descanso deleitan al cielo. Dios quiere que sus hijos sean incorregiblemente sinceros y persistentemente audaces en sus esfuerzos". Cuando eres audaz, sus poderosas fuerzas vendrán en tu ayuda.

Helen Keller aconsejó: "Nunca dobles tu cabeza. Mantenla alta. Mira al mundo directamente a los ojos". Si quieres éxito, debes aprovechar tus oportunidades a medida que avanzas. Estoy de acuerdo con Jonathan Winters: "No podía esperar el éxito, así que seguí adelante sin él". Lillian Hellman dijo: "Es mejor actuar con confianza, sin importar cuán poco derecho tengas a ella". Siempre es un camino accidentado y cuesta arriba el que conduce a las alturas de la grandeza.

George Adams dijo: "En esta vida solo obtenemos aquellas cosas que perseguimos, por las que luchamos y por las que estamos dispuestos a hacer sacrificios". No solo enfrentes oportunidades y problemas; atácalos. Considera lo que dijo B. C. Forbes: "Los hombres mediocres esperan que las oportunidades lleguen a ellos. Los hombres fuertes, capaces y alertas van tras la oportunidad".

NO TE SIENTES Y ACEPTES LO QUE LLEGUE. VE TRAS LO QUE QUIERES.

Pregunta 25

¿QUÉ HAS COMENZADO QUE TIENES QUE TERMINAR?

Nunca te rindas en lo que sabes que Dios quiere que hagas. Bajo ninguna circunstancia. Como dijo Winston Churchill: "Nunca te rindas en algo en lo que no puedes dejar de pensar ni un solo día".

Como alguien dijo una vez: "Dios tiene un propósito para tu dolor, una razón para tus luchas y un regalo para tu fidelidad. No te rindas". No se puede vencer a una persona que no se rinde.

Nada grandioso llega fácilmente. De hecho, no sabes qué va a pasar después. Los milagros ocurren todos los días. Las cosas pueden suceder rápidamente.

Me siento bendecido de haber vivido lo suficiente como para mirar atrás con gratitud. Aunque no siempre entendemos todo lo que nos sucede, muchas veces Dios revela por qué pasamos lo que pasamos. Todo lo que ha ocurrido en tu vida te prepara para lo que está por llegar.

Incluso en nuestras luchas más difíciles, hay algo valioso.

¿No fue Alfred Russel Wallace quien intentó ayudar a una polilla emperador y solo la perjudicó con su imprudente accionar? Se encontró con la criatura agitando sus alas y luchando desesperadamente para forzar su paso a través del estrecho cuello de su capullo. Admiró sus proporciones finas, ocho pulgadas desde la punta de un ala hasta la punta de la otra, y pensó que era una lástima que una criatura tan hermosa debiera someterse a una prueba tan severa. Por lo tanto, sacó su lanceta y cortó el capullo. La polilla salió inmediatamente; pero sus colores gloriosos nunca se desarrollaron. Las alas majestuosas nunca se estiraron. Los matices indescriptibles que deberían haberlas adornado nunca aparecieron. La polilla se arrastró melancólicamente; se inclinó de forma manifiesta; y al final murió. La lucha furiosa con el capullo era la sabia manera que tiene la naturaleza de desarrollar las espléndidas alas y de enviar los fluidos vitales a través del cuerpo hasta que cada partícula brillaba con su belleza. El naturalista había salvado a la pequeña criatura de la lucha, pero sin intención la había arruinado y matado en el proceso.

F. W. Boreham

¿Quieres lograr algo en la vida? Sé como el hombre que trabaja con las rocas. Jacob Riis dijo: "Mira al cantero golpeando la roca, quizá cien veces sin que se muestre una sola grieta en ella. Sin embargo, en el golpe número 101 se dividirá en dos y sé que no fue el último golpe el que lo logró, sino todos los que se habían producido antes". Cualquier cosa que desees lograr en la vida requerirá persistencia.

Todas las cosas llegan para aquellos que van tras ellas. La perseverancia es el resultado de una fuerte voluntad. La terquedad es el resultado de una fuerte negativa. Montesquieu dijo: "El éxito a menudo depende de saber cuánto tiempo tomará tener éxito". El secreto del éxito: nunca bajar la guardia y nunca aflojar. Muchas veces, el éxito consiste en aguantar un minuto más.

Calvin Coolidge dijo: "'Proseguir' ha resuelto y siempre resolverá los problemas de la raza humana". Descubrirás que las personas persistentes tienen siempre esta actitud: nunca pierden el juego; simplemente se les acaba el tiempo.

Todo progreso espiritual es como un capullo vegetal que se despliega. Primero tienes una guía, luego paz, luego convicción, como la planta tiene raíz, capullo y fruto. Comte de Buffon dijo: "Nunca pienses que las demoras de Dios son negaciones de Dios. Mantente firme; afiérrate; persevera. La paciencia es genialidad".

Joel Hawes dijo: "Puedes ser lo que te propongas ser. Decide ser algo en el mundo y serás algo. 'No puedo' nunca ha logrado nada; 'lo intentaré' ha hecho maravillas". Herbert Kaufman comentó: "Los arranques no cuentan. El resultado final no menciona un comienzo espléndido si ese resultado demuestra que fuiste un 'compañero más'". Recuerda las palabras de Hamilton Holt: "Nada que valga la pena llega fácilmente. El medio esfuerzo no produce medio resultado, no produce ningún resultado. El trabajo, el trabajo continuo y duro, es la única manera de lograr resultados que perduren".

La persistencia prevalece cuando todo lo demás falla. La verdad es que la persistencia es una planta amarga, pero da frutos dulces. Joseph Ross dijo: "Se necesita tiempo para tener éxito, porque el éxito es simplemente la recompensa natural de tomar el tiempo para hacer bien cualquier cosa". Eclesiastés 7:8 declara: "Mejor es el fin del negocio que su principio; mejor es el sufrido de espíritu que el altivo de espíritu". La victoria siempre llega al más perseverante.

Ralph Waldo Emerson dijo: "La gran mayoría de los hombres son manojos de comienzos". Estoy de acuerdo con Charles Kettering cuando dijo: "Sigue adelante y las probabilidades son que tropezarás con algo, quizá cuando menos lo esperes". Nadie piensa que vale la pena vivir la vida; uno debe hacer que valga la pena vivirla. La persistencia es la cualidad que más se necesita cuando se agota. A menudo, la *genialidad* es simplemente otra forma de deletrear *persistencia*.

PARA TERMINAR PRIMERO, PRIMERO DEBES TERMINAR.
—RICK MEARS

Pregunta 26

¿TE ASUSTAS A TI MISMO?

Los sueños producen claridad y una visión de tu futuro.

En el Estrecho de Bering, dos pequeñas islas yacen aproximadamente a tres kilómetros de distancia. Entre ellas está la frontera entre los Estados Unidos y Rusia, que coincide con la línea internacional de cambio de fecha. Estas islas son conocidas como Diómedes Mayor, que pertenece a Rusia, y Diómedes Menor, que pertenece a los Estados Unidos. Rusia tiene una importante estación meteorológica en su isla, y la isla Diómedes Menor es parte de Alaska, habitada por el pueblo Chukchi.

Esta ubicación crea una situación interesante. Si te paras en la orilla de Diómedes Menor mirando hacia Diómedes Mayor, no solo estás mirando hacia otro país, sino que también estás mirando hacia otro tiempo. Y, en un día despejado, puedes ver el mañana.

Mira tu futuro desde una posición de fe. Al hacerlo, puedes creer y ver tus mañanas antes de que sucedan. Esto complace a Dios, porque *sin fe es imposible agradar a Dios* (Hebreos 11:6).

No hagas nada que no requiera fe. G. C. Lichtenberg dijo: "Nunca emprendas nada por lo cual no tendrías el valor de pedir las bendiciones del cielo". Salmos 56:9 dice: *Serán luego vueltos atrás mis enemigos, el día en que yo clamare; esto sé, que Dios está por mí.* Acepta y reconoce solo aquellos pensamientos que contribuyan a tu éxito, que estén alineados con la Palabra de Dios y su voluntad para tu vida.

Wayne Gretzky es, sin lugar a dudas, el mejor jugador de *hockey* de la historia. Cuando le preguntaron sobre su secreto para continuar liderando en goles la Liga Nacional de *Hockey* año tras año, Gretzky respondió: "Yo patino hacia donde estará el disco, no hacia donde ha estado". Atrévete a ir más allá de lo que puedes ver. "No busques entender para creer, sino cree para entender", dijo San Agustín.

Demasiadas personas esperan poco de Dios, piden poco y, por lo tanto, reciben poco y están satisfechas con poco. Sherwood Eddy dijo: "Fe no es tratar de creer algo sin importar la evidencia; fe es atreverse a hacer algo sin importar las consecuencias". Sinceramente creo que lograríamos muchas más cosas si no las viéramos automáticamente como imposibles.

Dios dio al hombre un semblante recto para mirar hacia los cielos y mirar hacia Él. Nunca digas que las condiciones no son las adecuadas. Eso siempre limitará a Dios. Si esperas a que las condiciones sean exactamente las adecuadas, nunca obedecerás a Dios. La Biblia dice en el libro de Isaías: *¿Están ustedes dispuestos a obedecer? ¡Comerán lo bueno de la tierra!* (Isaías 1:19, NVI).

Quienes se atreven, lo hacen; quienes no se atreven, no lo hacen. Isak Dinesen dijo: "Dios hizo el mundo redondo para que nunca pudiéramos ver demasiado adelante en el camino". La persona que no se atreve a nada no necesita esperar nada. Has llegado al estancamiento cuando todo lo que ejerces es precaución. A veces debes seguir adelante a pesar del miedo constante en tu cabeza que te dice: "Da la vuelta".

Si Dios se mantiene afuera, algo debe estar mal adentro. Él nunca permitirá que te ocurra algo que tú y Él juntos no puedan manejar. Mary Lyon lo expresó mejor: "Confía en Dios y haz algo".

Dios dijo: "Ven al borde".

Nosotros dijimos: "Es demasiado alto".

"Ven al borde".

Nosotros respondimos: "Podríamos caer".

"Ven al borde", dijo Dios.

Y lo hicimos.

Y Él nos empujó.

Y volamos.

NO ESPERES A QUE TODOS LOS SEMÁFOROS ESTÉN EN VERDE ANTES DE SALIR DE LA CASA.
—JIM STOVALL

Pregunta 27

¿QUÉ ESTÁS POSTERGANDO HOY QUE YA POSTERGASTE AYER?

Un incidente de la Revolución Americana ilustra qué tragedia puede resultar de la procrastinación.

Se dice que el coronel Johann Rall, comandante de las tropas británicas en Trenton, Nueva Jersey, estaba jugando a las cartas cuando le fue entregado un mensaje urgente indicando que el general George Washington estaba cruzando el río Delaware. Rall guardó la carta en su bolsillo y no se molestó en leerla hasta que terminó el juego.

Luego, al darse cuenta de la gravedad de la situación, trató apresuradamente de reunir a sus hombres para enfrentar el próximo ataque, pero su procrastinación fue su perdición. Él y muchos de sus hombres fueron asesinados, y el resto del regimiento fue capturado. Nolbert Quayle dijo: "Solo unos minutos de demora le costaron la vida, su honor y la libertad de sus soldados. La historia de la tierra está sembrada de los naufragios de planes a medio terminar y resoluciones no ejecutadas.

'Mañana' es la excusa de los perezosos y el refugio de los incompetentes".

Pregúntate a ti mismo: "¿Qué me costará esto en última instancia si no actúo ahora?". Cuando un procrastinador finalmente ha tomado una decisión, la oportunidad siempre ha pasado.

Lo que pospones hasta mañana, probablemente también lo pospongas mañana. El éxito llega al hombre que hace hoy lo que otros estaban pensando hacer mañana. Cuanto más perezoso es un hombre, más tendrá que hacer mañana. "Todos los problemas se vuelven más pequeños si no los evitas, sino que los enfrentas. Toca un cardo tímidamente y te pincha; agárralo con decisión y sus espinas se desmoronan", dijo William Halsey.

Perder el tiempo es perder la vida. Cervantes reflexionó: "Por la calle de Después llegarás a la casa de Nunca". Una persona perezosa no pasa por la vida sino que es empujada a través de ella. "El hombre sabio hace de inmediato lo que el necio hace al final", dijo Baltasar Gracián. "Algún día" no es un día de la semana. No hacer nada es el trabajo más agotador del mundo. Cuando no empiezas, tus dificultades no se detienen. Enfrenta cualquier dificultad ahora: cuanto más esperas, más grande se vuelve. Los procrastinadores nunca tienen problemas pequeños porque siempre esperan a que sus problemas crezcan.

En el juego de la vida, nada es menos importante que el marcador al medio tiempo. "La tragedia de la vida no es que el hombre pierda, sino que casi gane", dijo Heywood Broun. Algunas personas esperan por tanto tiempo que el futuro se ha ido antes de que lleguen allí.

La mayoría de las personas que se sientan esperando a que su barco llegue, a menudo descubren que es un barco de dificultades. La cosa que llega a un hombre que espera pocas veces resulta ser la que ha estado esperando. El trabajo más difícil del mundo es el que debería haberse hecho ayer. El trabajo duro suele ser una acumulación de cosas fáciles que deberían haberse hecho la semana anterior.

Sir Josiah Stamp dijo: "Es fácil esquivar nuestras responsabilidades, pero no podemos esquivar las consecuencias de esquivar nuestras responsabilidades". William James reflexionó: "Nada es tan fatigante como la eterna espera de una tarea sin completar". Las personas que demoran la acción hasta que todos los factores sean perfectos no hacen nada. Jimmy Lyons dijo: "Mañana es el único día del año que atrae a un hombre perezoso".

Según E.R. Collcord: "Un hombre sin nada que hacer realiza una 'labor' mucho más ardua que cualquier otra forma de trabajo. Pero siento una gran lástima por el hombre que evade un trabajo que sabe que debe hacer. Es un holgazán y ¡vaya castigo que se impone... a sí mismo!".

LA PROCRASTINACIÓN ES EL FERTILIZANTE QUE HACE CRECER LAS DIFICULTADES.

Pregunta 28

¿VALE LA PENA EL ESFUERZO?

Jesús enseñó que debemos esforzarnos por dar buenos frutos con nuestras vidas. Por lo tanto, nuestro propósito, trabajo y esfuerzos deben resultar en un "jugo" que valga la pena "exprimir" en la vida que elegimos.

Era un hermoso día en Tulsa, Oklahoma. Iba manejando mi auto, ocupado en mis propios asuntos, camino a una cita al oeste de la ciudad. Hasta la fecha puedo decirte exactamente dónde estaba cuando escuché esto en mi corazón: *John, hay tres cosas que quiero que hagas en tu vida y ministerio. Primero, serás una conexión divina para las personas. Segundo, podrás ver los dones y llamados en las personas, y lo que hagas los despertará en ellos. Tercero, podrás discernir lo que es verdad y lo que es mentira.*

Y eso fue lo que hice... y lo he tratado de hacer desde ese día en adelante. Dios no solo me estaba dando algo de comprensión sobre cuáles eran mis dones y fortalezas, sino que también me estaba ayudando a entender mi propósito. Yo sabía que todo lo que hiciera a partir de ese día de alguna manera involucraría esas tres áreas.

¿Vas dando traspiés hacia un futuro incierto? Puedes predecir tu futuro mediante la consciencia que tienes de tu propósito. Demasiadas personas saben de qué están huyendo, pero no hacia qué están corriendo. Primero concéntrate en encontrar tu propósito, y luego concéntrate en cumplirlo. Tener un *porqué* poderoso te proporcionará el *cómo* necesario. El propósito, y no el dinero, es tu verdadero activo.

Cuida tu propósito y el final se cuidará solo. Cuando basas tu vida en principios, el 99 por ciento de tus decisiones ya están tomadas. El propósito hace lo que debe; el talento hace lo que puede. ¿Considerando una acción? Escucha a Marco Aurelio: "Sin un propósito, nada debe hacerse". Robert Byrne dijo: "El propósito de la vida es una vida con propósito".

A medida que te acercas a tu destino será como un imán que te atrae, no como un anillo de bronce que solo da una vuelta. El destino atrae.

John Foster dijo: "Es pobre y vergonzoso no poder responder, con algún grado de certeza, a las sencillas preguntas: '¿Qué serás? ¿Qué harás?'". El Dr. Charles Garfield señaló: "Las personas de alto rendimiento están comprometidas con una misión convincente. Está muy claro que les importa profundamente lo que hacen, y sus esfuerzos, energías y entusiasmos son rastreables a esa misión particular". No eres verdaderamente libre hasta que has sido cautivado por tu misión suprema en la vida.

No solo ores para que Dios haga esto o aquello; en cambio, ora para que Dios te haga conocer su propósito. William Cowper dijo: "La única felicidad verdadera viene de derrocharnos por un propósito".

A medida que las personas siguen su camino correcto, el destino las acompaña. No te separes de tu destino. Es un ancla en la tormenta. Una vida sin propósito es una muerte temprana. Salmos 138:8 dice: *Jehová cumplirá su propósito en mí; tu misericordia, oh Jehová, es para siempre.*

Rick Renner comentó: "Lo único que te impedirá cumplir la voluntad de Dios es si te miras a ti mismo y dices: 'No significo mucho entre tantos'". No puedes hacer nada sobre la longitud de tu vida, pero sí puédes hacer algo sobre su anchura y profundidad. Lo que crees es la fuerza que determina lo que logras o no logras en la vida.

La vida de una persona promedio consiste en veinte años de padres que le preguntan a dónde va, cuarenta años de un cónyuge haciendo la misma pregunta, y al final de la vida, dolientes que se preguntan lo mismo. Martin Luther King Jr. dijo: "Si un hombre no ha descubierto algo por lo que moriría, no es apto para vivir". Entrégate a tu destino.

HAY ALGO QUE DEBES COMENZAR QUE ESTÁ DESTINADO PARA QUE TÚ LO TERMINES.
—MYLES MUNROE

Pregunta 29

¿QUÉ HARÍAS HOY SI NO HUBIERA UN MAÑANA?

Estoy de pie en la orilla del mar. Un barco a mi lado despliega sus velas blancas al viento de la mañana y se dirige hacia el océano azul. Es un objeto de belleza y fuerza, y me quedo mirando hasta que al fin cuelga como una mota de nube blanca, justo donde el mar y el cielo se encuentran. Entonces alguien a mi lado dice: "¡Allá va!".

¿Adónde se fue? Se fue de mi vista... eso es todo. Es tan grande en mástil, casco y aparejo como lo era cuando estaba a mi lado y tan capaz de llevar su carga de vida al lugar de destino. Su tamaño disminuido está en mí, no en él. Y, justo en el momento en que alguien a mi lado dice: "¡Allá va!", hay otros ojos observando su llegada y otras voces listas para dar el alegre grito: "¡Aquí viene!".

Henry Van Dyke

¡Aprovecha el momento! "Los milagros vienen a ti o pasan cerca de ti todos los días", dijo Oral Roberts. Hoy fue alguna vez el futuro que tanto esperabas en el pasado. Horatio Dresser dijo: "El ideal nunca llega. Hoy es ideal para quien lo hace ideal". Vive para hoy. No dejes que lo que tienes al alcance hoy se pierda completamente solo porque el futuro te intriga y el pasado te desanima.

Hacer lo mejor en este momento te coloca en el mejor lugar para el siguiente momento. ¿Cuándo puedes vivir si no es ahora? Todas las flores del mañana están en las semillas del presente. Séneca dijo: "Empieza a vivir de inmediato". Ellen Metcalf comentó: "Hay muchas personas que están en el lugar correcto en el momento adecuado, pero no lo saben". Está bien tomarse tiempo para planificar, pero cuando llega el momento de actuar, deja de pensar y ¡hazlo!

El libro de los Salmos dice: *Enséñanos de tal modo a contar nuestros días, que traigamos al corazón sabiduría* (90:12). Maria Edgeworth dijo: "No hay momento como el presente. El hombre que no ejecuta sus resoluciones cuando están frescas en él, no puede esperar nada de ellas después; porque serán disipadas, perdidas y perecerán en el ajetreo y el bullicio del mundo, o se hundirán en el pantano de la indolencia".

John Burroughs dijo: "La lección que la vida repite y refuerza constantemente es: 'Mira bajo tus pies'. Siempre estás más cerca de lo divino y de las verdaderas fuentes de tu poder de lo que piensas... La gran oportunidad está donde tú estás. No desprecies tu propio lugar y hora". Lo más importante en nuestras vidas es lo que estamos haciendo ahora.

Conoce el verdadero valor del hoy. Jonathan Swift dijo: "Que vivas todos los días de tu vida". El futuro que anhelas y sueñas comienza hoy. Ralph Waldo Emerson aconsejó: "Escribe en tu corazón que cada día es el mejor día del año".

Los arrepentimientos que la mayoría de las personas experimentan en la vida provienen de no actuar cuando tienen una oportunidad. Albert Dunning dijo: "Las grandes oportunidades llegan a todos, pero muchos no saben que las han encontrado. La única preparación para aprovecharlas es... observar lo que cada día trae consigo".

Como dijo Marcial: "La vida de mañana es demasiado tarde; vive hoy". Wayne Dyer observó: "Lo único que tenemos es el ahora. Todo lo que ha sucedido, cualquier cosa que te vaya a suceder, es solo un pensamiento". El hoy, bien vivido, te preparará para las oportunidades y para los obstáculos de mañana.

Pocos saben cuándo estar a la altura de la ocasión. La mayoría solo sabe cuándo sentarse. Muchos pasan demasiado tiempo soñando con el futuro, sin darse cuenta de que un poco de él llega cada día. Estoy de acuerdo con Ruth Schabaker cuando dijo: "Cada día llega con sus propios regalos. Desata los lazos".

NOÉ NO ESPERÓ A QUE LLEGARA SU BARCO, ÉL CONSTRUYÓ UNO.

Pregunta 30

¿A QUIÉN AMASTE HOY?

Todos nos necesitamos mutuamente. Habrá momentos en los que otra persona necesite exactamente lo que tú tienes.

Jimmy Durante fue un cantante, comediante y actor durante la primera parte y la mitad del siglo XX. Durante la Segunda Guerra Mundial, Ed Sullivan le pidió que entretuviera a un grupo de soldados que acababan de regresar de la guerra y estaban temporalmente en la isla de Ellis. Jimmy dijo que lo haría, pero que solo tenía tiempo para una breve actuación porque tenía que tomar un ferry a tiempo para hacer su programa de radio de regreso en Nueva York.

Sin embargo, cuando Jimmy subió al escenario, algo interesante sucedió. Hizo un breve monólogo y después se quedó. Los aplausos se hicieron más fuertes, y continuó actuando. Pronto, había estado en el escenario quince, veinte, luego treinta minutos.

Finalmente, hizo una última reverencia y salió del escenario. Detrás del escenario, alguien lo detuvo y le dijo: "Pensé que tenías que irte después de unos minutos. ¿Qué pasó?".

Jimmy respondió: "Sí, tenía que irme, pero puedo mostrarte la razón por la que me quedé. Puedes verlo tú mismo si miras en la primera fila".

En la primera fila había dos hombres, cada uno de los cuales había perdido un brazo en la guerra. Uno había perdido el brazo derecho, y el otro el izquierdo. Juntos podían aplaudir, y eso es exactamente lo que estaban haciendo, con fuerza y alegría.

Todos se benefician cuando nos ayudamos mutuamente.

Una cosa maravillosa que una persona puede hacer por su Padre celestial es ser amable con sus hijos. Servir a los demás es uno de los privilegios más asombrosos de la vida. Albert Schweitzer dijo: "Los únicos entre ustedes que realmente serán felices son aquellos que hayan buscado y descubierto cómo servir".

Pierre Teilhard de Chardin comentó: "Lo más satisfactorio en la vida es haber podido dar una gran parte de uno mismo a los demás". Proverbios declara: *Peca el que menosprecia a su prójimo; mas el que tiene misericordia de los pobres es bienaventurado* (14:21). Sigue el consejo de Karl Reiland: "En la misma medida en que eres útil, serás feliz".

Busca los puntos buenos en las personas. Recuerda que ellos deben hacer lo mismo en tu caso. Luego haz algo para ayudarlos. Si quieres avanzar, sé un puente y no un muro. Ama a los demás más de lo que merecen. Cada ser humano nos presenta una oportunidad para servir. Todos necesitan ayuda de alguien.

John Andrew Holmes dijo: "Toda la población del universo, con una trivial excepción, está compuesta por otros". Con demasiada frecuencia esperamos que todos los demás practiquen la regla de oro. La regla de oro puede ser antigua, pero no se ha usado lo suficiente como para mostrar signos de desgaste. Cometemos un error de primera clase si tratamos a los demás como personas de segunda clase.

No puedes ayudar a los demás sin ayudarte a ti mismo. La bondad es una de las cosas más difíciles de regalar, ya que generalmente regresa a ti. La persona que siembra semillas de bondad disfruta de una cosecha perpetua. Estoy de acuerdo con Henry Drummond cuando dijo: "Me pregunto por qué no somos más amables los unos con los otros... ¡Cuánto lo necesita el mundo! ¡Qué fácil es hacerlo!".

¿Quieres llevarte mejor con los demás? Sé un poco más amable de lo necesario. Una buena manera de olvidar tus propios problemas es ayudar a los demás a salir de los suyos. Cuando compartes, no disminuyes; aumentas tu vida.

Theodore Spear dijo: "Nunca puedes esperar demasiado de ti mismo en lo que respecta a entregarte a los demás". Cuanto más alto crece el bambú, más se inclina.

Martin Luther King Jr. dijo: "Todos pueden ser grandes... porque cualquiera puede servir". Cuando caminas en el fruto del Espíritu, otros pueden saborearlo. Harry Fosdick comentó: "Una de las cosas más asombrosas jamás dichas es la declaración de Jesús: 'El que es más grande entre ustedes será su siervo'. Ninguno tiene una oportunidad en mil millones de ser considerado realmente grande un siglo después de haber muerto, excepto aquellos que han sido siervos de todos".

¿Recibiste una muestra de bondad?

Pásala a otros.

No fue dada solamente para ti,

pásala a otros.

Deja que viaje a lo largo de los años,

deja que limpie las lágrimas de otro;

Hasta que en el cielo el acto aparezca,

Pásala a otros.

Henry Burton

LA REGLA DE ORO NO SIRVE PARA NADA A MENOS QUE TE DES CUENTA DE QUE TE TOCA ACTUAR.
—DR. FRANK CRANE

Pregunta 31

¿CUÁL ES EL PRIMER PEQUEÑO PASO QUE PUEDES DAR AHORA PARA COMENZAR A MOVERTE EN LA DIRECCIÓN CORRECTA?

Los pequeños pasos marcan una gran diferencia.

Un cazador de grandes animales en la India avistó un gran tigre de Bengala. Dado que el animal estaba a corta distancia, el cazador disparó rápidamente y falló. El tigre saltó hacia el cazador, pero afortunadamente, el animal lo sobrepasó y él logró escapar.

El cazador, aliviado, regresó al campamento y estaba preocupado por su mala puntería, así que a la mañana siguiente fue detrás del campamento para practicar disparos a corta distancia. Mientras practicaba, escuchó ruido en los arbustos cercanos. Miró y ahí estaba el mismo tigre, practicando pequeños saltos.

A veces no es la gran meta lo que marca la diferencia, sino los pequeños saltos que son significativos. Hay pequeños saltos que todos podemos usar para mejorar nuestra vida y avanzar en la dirección correcta.

Dale Carnegie dijo: "No tengas miedo de dar lo mejor de ti en lo que parecen ser trabajos pequeños. Cada vez que conquistas uno, te hace mucho más fuerte. Si haces bien los trabajos pequeños, los grandes tenderán a cuidarse solos". Tu futuro llega de hora en hora. Thomas Huxley observó: "El peldaño de una escalera nunca fue destinado al descanso, sino solo a sostener el pie de un hombre el tiempo suficiente para permitirle poner el otro algo más alto".

Nunca te desanimes cuando hagas progresos, por muy lentos que sean. Solo debes estar atento a no quedarte quieto. Una persona exitosa es aquella que hace lo que puede con lo que tiene, donde está, y sin importar lo pequeño que sea. Helen Keller dijo: "Anhelo lograr una tarea grande y noble, pero mi deber principal es llevar a cabo las pequeñas tareas como si fueran grandes y nobles".

Toda la gloria proviene de atreverse a dar pequeños pasos. Después de ser fiel en los pequeños pasos, mirarás hacia atrás y dirás: "Todavía no estoy donde quiero estar, pero no estoy donde estaba". Julia Carney dijo: "Pequeñas gotas de agua, pequeños granos de arena, hacen el poderoso océano y la agradable tierra". El autor Louis L'Amour escribió: "La victoria no se gana en kilómetros, sino en centímetros. Gana un poco ahora, mantén tu posición, y luego gana mucho más". Dios a menudo nos da un poco para ver qué haremos con mucho.

"Nadie cometió un error mayor que aquel que no hizo nada porque solo podía hacer un poco", observó Edmund Burke. Las acciones pequeñas realizadas son mejores que las grandes acciones planeadas. Creo que Dios se interesa tanto por las pequeñas cosas en tu vida como por las grandes. ¿Por qué? Porque Él sabe que si eres fiel en las pequeñas cosas, las grandes se cuidarán por sí solas.

El premio de hacer un deber es la oportunidad de hacer otro. Robert Smith dijo: "La mayoría de las cosas críticas en la vida, que se convierten en puntos de partida del destino humano, son cosas pequeñas". Haz cosas pequeñas ahora, y las grandes vendrán a ti pidiendo hacerse.

Una cosa es segura: lo que no se intenta no funcionará. Lo más importante es comenzar, aunque el primer paso sea el más difícil. Estoy de acuerdo con Vince Lombardi: "Las pulgadas hacen campeones". Da un pequeño paso ahora mismo. No ignores las cosas pequeñas. Son las pequeñas cosas las que cuentan: a veces un imperdible conlleva más responsabilidad que un presidente de banco.

David Storey comentó: "Ten confianza en que, si has hecho bien una cosa *pequeña*, también podrías hacer bien una cosa *más grande*". Considera lo que dijo Pat Robertson: "No desprecies el día de los pequeños comienzos, porque puedes cometer todos tus errores de manera anónima". Valora las pequeñas cosas. Un día podrías mirar atrás y darte cuenta de que fueron cosas grandes. Como dijo Dante: "De una pequeña chispa puede surgir una llama poderosa". Recuerda esto en tu ascenso: el perro más grande alguna vez fue un cachorro.

PEQUEÑOS PASOS... ¡QUÉ GRAN IDEA!

Pregunta 32

¿QUÉ TIENES YA EN TU MANO?

Todos tenemos algo en lo que somos buenos.

Bugs Bunny estaba de compras en el supermercado, y un asistente de ventas le dijo: "Si puedes decirme cuánto es 19 866 por 10 543, te daremos zanahorias gratis de por vida".

Inmediatamente, Bugs respondió: "209 447 238".

El asistente de ventas quedó asombrado y preguntó: "¿Cómo rayos lo hiciste?".

Bugs respondió: "Si hay algo en lo que los conejos son buenos, es multiplicando".

Comienza con lo que tienes, no con lo que no tienes. Presta atención a lo que haces bien y con facilidad.

La oportunidad siempre está donde estás, nunca donde estabas. Para llegar a algún lugar debes lanzarte hacia algún lugar, o terminarás en ninguna parte. Hamilton Mabie dijo: "La pregunta que cada hombre debe resolver no es qué haría si tuviera los medios, el tiempo, la influencia y las ventajas educativas, sino qué hará con las cosas que tiene". Dios siempre nos dará la habilidad para crear lo que necesitamos a partir de algo que ya está aquí.

Cada persona tiende a subestimar o sobrevalorar aquello que no posee. E. W. Howe dijo: "Las personas siempre están descuidando algo que pueden hacer al intentar hacer algo que no pueden hacer". Estoy de acuerdo con Teddy Roosevelt cuando dijo: "Haz lo que puedas, con lo que tienes, donde estás". La única forma de aprender algo a fondo es comenzando desde abajo (excepto cuando se aprende a nadar). Para tener éxito, haz lo que puedas.

Ken Keyes Jr. dijo: "Preocuparse por lo que no tienes es desperdiciar lo que sí tienes". La verdad es que muchos son exitosos porque no tuvieron las ventajas que otros tenían. Las personas emprendedoras logran más que otros porque avanzan y lo hacen antes de estar listos.

Epicuro dijo: "No estropees lo que tienes deseando lo que no tienes; pero recuerda que lo que tienes ahora estuvo antes entre las cosas que solamente esperabas". Henri-Frédéric Amiel observó: "Casi todo proviene de casi nada".

Ninguna mejora es tan certera como la que procede del uso correcto y oportuno de lo que ya tienes. Mike Murdock dijo: "Todo lo que Dios ya te ha dado creará cualquier otra cosa que Él te ha prometido". Todos los que han llegado tuvieron que comenzar desde donde estaban.

La verdad es que no puedes saber lo que puedes hacer hasta que lo intentas. Lo más importante para alcanzar tu sueño es comenzar justo donde estás. Edward Hale dijo: "No puedo hacer todo, pero aún puedo hacer algo; y, porque no puedo hacer todo, no me negaré a hacer algo que puedo hacer".

EL ÚNICO LUGAR PARA COMENZAR ES DONDE ESTÁS.

Pregunta 33

¿QUÉ LAMENTO NO QUIERES TENER?

No es fácil dejar un lugar seguro. Habrá personas que ya no querrán asociarse contigo, y habrá una grabación en tu cabeza repitiendo todas las historias que has escuchado de aquellos que se aventuraron y fracasaron. Sin embargo, salir de tu zona de confort, cuando es lo correcto, cambiará tu vida por completo.

Descubrirás que hay un mundo grande esperando ser impactado por tus dones. Años más tarde te preguntarás por qué no lo dejaste antes.

Al mirar hacia atrás en tu carrera y tu vida hasta ahora, ¿dónde desearías haber sido más valiente, haber creído más en ti mismo y haber sido menos vacilante en los pasos que tomaste?

¿Te viene algo a la mente? Cuando hablo con amigos de cuarenta años y más, muchos me dicen que si pudieran volver a vivir su vida, habrían tomado más riesgos, habrían dado ese paso adicional, no se habrían rendido tan rápido, se habrían conformado solo con la excelencia y habrían hablado más a menudo. En resumen, desearían haber sido más intrépidos en los riesgos que tomaron. Henry Van Dyke dijo: "El tiempo es demasiado lento para aquellos que esperan, demasiado rápido para aquellos que temen, demasiado largo para aquellos que sufren, demasiado corto para aquellos que se alegran, pero para aquellos que aman, el tiempo es eternidad".

Según Herbert Casson: "'Seguridad primero' ha sido el lema de la raza humana... pero nunca ha sido el lema de los líderes. Un líder debe enfrentar el peligro. Debe tomar el riesgo, cargar con la culpa y enfrentar la peor parte de la tormenta". Si quieres tener éxito, debes tener una oportunidad o tomar una. No puedes salir a flote sobre el agua si nunca sacas tu cuello.

La Biblia dice que hay un tiempo para todo (Eclesiastés 3:1). Todo. La clave es hacer lo que *Dios* dice, no lo que dicen *los demás*. Toma cualquier acción que creas que debes tomar, y hazlo con integridad. Quedarte cuando deberías irte, está mal. No tomar los pasos que se te muestran, también está mal. Siempre.

Un sueño que no incluye riesgo no merece ser llamado sueño. Edward Halifax dijo: "El hombre que no deja nada al azar hará pocas cosas mal, pero hará muy pocas cosas". Si nunca tomas riesgos, nunca lograrás grandes cosas. Todos mueren, pero no todos han vivido.

C. S. Lewis dijo: "El camino más seguro al infierno es uno gradual: la suave pendiente, suave bajo los pies, sin giros repentinos, sin hitos, sin señales". Elizabeth Kenny reflexionó: "Es mejor ser león por un día que oveja toda tu vida". Si no te atreves a nada, no necesitas esperar nada.

Si no arriesgas nada, arriesgas aún más. John Newman escribió: "El cálculo nunca hizo un héroe". Todas las personas tienen la oportunidad de mejorar, pero algunas simplemente no creen en tomar riesgos. Estoy de acuerdo con Lois Platford cuando dijo: "Tienes toda la eternidad para ser cauteloso cuando estás muerto". Ser destinado a la grandeza requiere que tomes riesgos y enfrentes grandes peligros.

Siempre fallarás el 100 por ciento de los tiros que no lances. Estoy de acuerdo con John Stemmons cuando dijo: "Cuando tus oportunidades son escasas o nulas... ve con lo escaso". Morris West dijo: "Si pasas toda tu vida esperando la tormenta, nunca disfrutarás del sol". Nadie alcanza la cima sin atreverse.

Sé audaz y no te conformes solo con lo que otros te dan. Resiste la tentación de quedarte en la rutina en lugar de encontrar tu propio destino. Chuck Yeager comentó: "No te concentres en el riesgo. Concéntrate en los resultados. Ningún riesgo es demasiado grande para evitar que se haga el trabajo necesario".

Cada vez que ves a una persona exitosa, te garantizo que esa persona tomó riesgos y tomó decisiones valientes. El éxito favorece a los valientes. El mundo es un libro donde aquellos que no toman riesgos solo leen una página. David Mahoney dijo: "Rehúsa unirte a la multitud cautelosa que juega para no perder. Juega para ganar".

Metastasio observó: "Cada adquisición noble conlleva sus riesgos; quien teme enfrentarlos no debe esperar obtener lo otro". Escucha a Tommy Barnett: "Mucha gente cree que realmente caminas por fe cuando no hay riesgo, pero la verdad es que cuanto más tiempo caminas con Dios... mayor es el riesgo". Si a lo largo de la vida nunca te has encontrado asustado, avergonzado, decepcionado o herido, significa que nunca has tomado riesgos.

David Viscott escribió: "Si tu vida alguna vez va a mejorar, tendrás que tomar riesgos. Simplemente no hay manera de poder crecer sin hacer intentos". Tienes la oportunidad de mejorarte a ti mismo. Solo cree en intentarlo.

¡LA SEGURIDAD ES LO ÚLTIMO!

Pregunta 34

¿CÓMO SERÍA TU VIDA SI FUERAS LA PERSONA MÁS AGRADECIDA QUE CONOCES?

En 2003 noté que me quedaba sin aliento al cortar el pasto, al subir la cuesta con el bote de basura hacia nuestra calle y al caminar por las colinas en el campo de golf. Decidí ir al médico para que me hiciera una revisión. Pensé que tal vez estaba teniendo problemas de alergia o algo parecido.

No le llevó mucho tiempo, después de hablar conmigo y hacer algunas pruebas, establecer rápidamente algunos pasos adicionales para llegar al fondo de este problema. En pocos días descubrí que tenía cinco arterias bloqueadas. Algunas estaban bloqueadas casi al cien por ciento.

Por supuesto, eso fue un *shock* para mi esposa y para mí, y tuvimos que lidiar con bastante miedo al respecto. Pero mucho más grande que nuestras preocupaciones fue un sentimiento abrumador de gratitud. Dios me había permitido tener síntomas y acudir a un buen médico, y Él proporcionó una manera de corregir mi situación. Vi que tenía muchas razones más por las cuales estar agradecido, que razones por las que tener miedo.

No estoy diciendo que el proceso fue fácil. No lo fue. Abrirse el pecho y tener ochenta y cinco grapas en el cuerpo no es un paseo por el parque. Pero se me ofreció una opción. ¿Podía ver lo bueno en esto? Elegí estar agradecido, ¡y qué diferencia marcó eso! Tuve una paz sobrenatural y estaba agradecido por hacerme esa cirugía.

Esa decisión todavía me influye y me impacta hoy. Estoy agradecido a Dios.

Dios nos regala a cada uno 1440 minutos cada día. ¿Has usado uno para decir gracias? Como alguien dijo una vez: "Es una mala rana la que no elogia su propio estanque".

Si la única oración que dices en toda tu vida es "Gracias", creo que probablemente sería suficiente. ¿Tienes una actitud de gratitud? Si nos detuviéramos a pensar más, nos detendríamos a agradecer más. De todos los sentimientos humanos, la gratitud tiene la memoria más corta.

Cicerón dijo: "Un corazón agradecido no es solo la mayor virtud, sino también el padre de todas las demás virtudes". El grado en que eres agradecido es un índice seguro de tu salud espiritual. Max Lucado escribió: "El diablo no tiene que robarte nada, lo único que tiene que lograr es convencerte de que lo des por hecho". Reemplaza el arrepentimiento por gratitud. Sé agradecido por lo que tienes, no pesaroso por lo que no tienes. Si no puedes estar agradecido por lo que tienes, sé agradecido por lo que has evitado. Henry Ward Beecher dijo: "El corazón desagradecido... no descubre misericordias; pero el corazón agradecido... encontrará en cada hora algunas bendiciones celestiales". Cuanto más te quejes, menos obtendrás.

"Si obtenemos todo lo que queremos, pronto no querremos nada de lo que obtenemos", observó Vernon Luchies. Francis Schaeffer dijo: "El comienzo de la rebelión de los hombres contra Dios fue, y es, la falta de un corazón agradecido". Las semillas del desaliento no crecerán en un corazón agradecido. Erich Fromm comentó: "La codicia es un pozo sin fondo que agota a la persona en un esfuerzo interminable por satisfacer la necesidad sin llegar nunca a la satisfacción".

Epicuro reflexionó: "Nada es suficiente para el hombre a quien lo suficiente le parece demasiado poco". Es una clara señal de mediocridad ser moderado con nuestros agradecimientos. No te encuentres tan ocupado pidiendo favores a Dios que no tengas tiempo para agradecerle. Me identifico con lo que dijo Joel Budd: "Me siento como si yo fuera el que escribió 'Sublime gracia'".

"La felicidad siempre parece pequeña mientras la tienes en tus manos, pero déjala ir, y aprenderás de inmediato cuán grande y preciosa es", comentó Máximo Gorki. Creo que deberíamos tener la actitud de George

Herbert, quien dijo: "Tú que me has dado tanto, dame una cosa más: un corazón agradecido".

La Biblia dice en Salmos 95:2: *Vengamos ante su presencia con acción de gracias* (LBLA). Nuestro agradecimiento a Dios siempre debería preceder nuestras peticiones hacia Él. La Biblia nos desafía: *Dad gracias en todo* (1 Tesalonicenses 5:18, LBLA).

De hecho, normalmente ofrecemos muy pocas oraciones de agradecimiento y de alabanza. No te encuentres al final de tu vida diciendo: "¡Qué vida maravillosa he tenido! Ojalá hubiera apreciado y comprendido eso antes".

Pasa de quejarte a apreciar.

De odiar a amar.

De gruñón a agradecido.

De criticar a elogiar.

De encontrar fallas a encontrar lo bueno.

De ingrato a agradecido.

¿CUENTAS TUS BENDICIONES O PIENSAS QUE TUS BENDICIONES NO CUENTAN?

Pregunta 35

¿MIRAN TUS OJOS HACIA ADELANTE?

Mirar atrás puede meterte en problemas.

Una mujer invitó a unas personas a cenar. En la mesa, se dirigió a su hija de seis años y le dijo: "¿Te gustaría decir la bendición?".

La niña respondió: "No sabría qué decir".

"Solo di lo que oíste decir a mamá", contestó su madre.

La hija inclinó la cabeza y dijo: "Señor, ¿en qué hora se me ocurrió invitar a todas estas personas a cenar?".

Si miras demasiado hacia atrás, pronto te estarás dirigiendo en esa dirección. Mike Murdock dijo: "Deja de mirar dónde has estado y comienza a mirar dónde puedes estar". Tu destino en la vida siempre está hacia adelante, nunca hacia atrás. Katherine Mansfield aconsejaba: "Convierte en una regla de vida no lamentarte nunca y jamás mirar atrás. El lamento es un desperdicio de energía terrible. No puedes construir sobre él, solo es bueno para revolcarte en él".

Considera las palabras del apóstol Pablo: *Olvidando ciertamente lo que queda atrás, y extendiéndome a lo que está delante, prosigo a la meta, al premio del supremo llamamiento de Dios en Cristo Jesús* (Filipenses 3:13-14). Es más probable que cometas errores cuando actúas basándote solamente en experiencias pasadas. Los pensamientos optimistas sobre el futuro no pueden existir cuando tu mente está llena de tristeza por el pasado.

Un granjero dijo una vez que su mula era extremadamente reacia a avanzar, y esto también es cierto para muchas personas hoy día. ¿Eres reacio a avanzar? Philip Raskin dijo: "El hombre que desperdicia el hoy lamentándose por el ayer desperdiciará el mañana lamentándose por el hoy". Acaba con la nostalgia de los "aquellos buenos tiempos".

El pasado siempre será como fue, deja de intentar cambiarlo. Tu futuro contiene más felicidad que cualquier pasado que puedas recordar. Cree que lo mejor está por llegar.

Oscar Wilde dijo: "Ningún hombre es lo suficientemente rico para comprar su pasado". Considera lo que dijo W. R. Inge: "Los eventos del pasado pueden dividirse en aquellos que probablemente nunca sucedieron y aquellos que no importan". Cuanto más mires atrás, menos avanzarás. Thomas Jefferson tenía razón cuando dijo: "Me gustan más los sueños del futuro que la historia del pasado". Muchos de los que son una sombra de lo que fueron, viven de la reputación de su reputación.

Hubert Humphrey reflexionó: "Los buenos tiempos de antaño nunca fueron tan buenos, créanme. Los buenos nuevos tiempos son hoy, y los mejores días están por llegar. Nuestras mejores canciones aún no se han entonado". Cuando te sientas desanimado, descubrirás que es porque estás viviendo en el pasado. ¿Cuál es un signo seguro de estancamiento en tu vida? Cuando te enfocas en el pasado a expensas del futuro, allí dejas de crecer y comienzas a morir.

Estoy de acuerdo con el consejo de Laura Palmer: "No desperdicies el hoy lamentando el ayer, en lugar de crear un recuerdo para el mañana". David McNally dijo: "Tu pasado no se puede cambiar, pero puedes cambiar tu mañana con tus acciones hoy". Nunca dejes que el ayer consuma demasiado de hoy. Es cierto lo que dijo Satchel Paige: "No mires atrás. Algo puede estar dándote alcance".

Edna Ferber comentó: "Vivir en el pasado es un negocio aburrido y solitario; mirar atrás tensa los músculos del cuello, haciéndote chocar con personas que no van en tu dirección". La primera regla para la felicidad es evitar pensar largamente en el pasado. Nada está tan lejos como una hora atrás. Charles Kettering añadió: "No puedes tener un mañana mejor si estás pensando en el ayer todo el tiempo". Tu pasado no es igual a tu futuro.

NO HAY FUTURO EN EL PASADO.

Pregunta 36

¿TE GUSTA EL SONIDO DE TU PROPIA VOZ? ¿CÓMO SUENA CUANDO TE QUEJAS?

Si no estás agradecido por lo que tienes ahora, ¿cómo podrías ser más feliz con más?

Joe estaba en problemas... había olvidado su aniversario de bodas.

Su esposa estaba enojada. Ella le dijo: "Mañana en la mañana espero encontrar un regalo en el camino de entrada que pase de cero a doscientos en seis segundos. ¡Y más te vale que esté ahí!".

A la mañana siguiente, Joe se levantó temprano y se fue a trabajar. Cuando su esposa despertó, miró por la ventana y, efectivamente, había una caja envuelta en el medio del camino de entrada. Confundida, se puso su bata, corrió hacia el camino de entrada y llevó la caja dentro de la casa.

La abrió y encontró... una báscula de baño nueva.

Joe está desaparecido desde el viernes.

Si no estás agradecido por lo que tienes, es posible que realmente no quieras más.

Recientemente fui de pesca y por ahí vi un cartel debajo de un róbalo, decía: "Si hubiera mantenido la boca cerrada, no estaría aquí". ¡Cuán cierto! Lo que decimos es importante. El libro de Job nos recuerda: *¡Cuán eficaces son las palabras rectas!* (6:25). Permíteme plantearte esta pregunta: ¿Qué pasaría si convirtieras tu mayor problema en tu mayor oportunidad?

Nuestra oración a Dios debiera ser: "Oh Señor, por favor llena mi boca de cosas valiosas y dame un empujón cuando haya dicho suficiente". Proverbios 29:11 dice: *El necio da rienda suelta a toda su ira.* Habla siempre menos de lo que sabes. Nunca dejes que tu lengua diga lo que tu cabeza deberá pagar más tarde. La lengua humana está a solo unos centímetros del cerebro, pero cuando escuchas a algunas personas hablar parece estar a kilómetros de distancia. La lengua corre más rápido cuando el cerebro está en punto muerto.

Un entrenador de atletismo de una escuela de secundaria tenía dificultades para motivar a su equipo a rendir al máximo. El equipo había desarrollado la clara reputación de quedar en último lugar en cada campeonato en el que participaban. Un factor que contribuía a este programa poco exitoso eran las tácticas del entrenador para animar al equipo. Su herramienta de inspiración más efectiva, pensaba él, era decirles a sus jugadores: "Sigan girando a la izquierda y regresen rápido". Tus palabras tienen el poder de encender fuegos o apagar pasiones.

Elige hablar palabras positivas, motivadoras y amables. Blaise Pascal comentó: "Las palabras amables no cuestan mucho; sin embargo, logran mucho". Hacen que otras personas estén de buen humor. Sir Wilfred Grenfell dijo: "Empieza a hacer circular alguna palabra amable. No se sabe dónde terminará el bien que puede hacer".

A veces tus peores enemigos y tus amigos más confiables son las palabras que te dices a ti mismo. "Las palabras 'yo soy' son palabras poderosas; ten cuidado con lo que las unes. Lo que reclamas tiene una manera de regresar y reclamarte a ti", dijo A. L. Kitselman. Henry Ward Beecher reflexionó: "Una palabra de ayuda a alguien en apuros es a menudo como el desvío en una vía férrea... una pulgada entre un accidente y una prosperidad suave". Johann Lavater dijo: "Nunca hables mal de un hombre si no lo sabes con certeza, y si lo sabes con certeza, entonces pregúntate: '¿Qué gano con decirlo?'".

Hay vida y muerte en el poder de la lengua (ver Proverbios 18:21). ¿Qué palabras tienen el efecto más poderoso sobre ti?

NO TE METAS EN PROBLEMAS HABLANDO SIN PENSAR.

Pregunta 37

¿QUÉ DEJASTE DE HACER QUE NECESITAS VOLVER A HACER?

El presidente Ronald Reagan contó esta historia. Un joven jugador de béisbol profesional estaba en casa con un amigo y hablaban de deportes, mientras su esposa estaba en la cocina preparando el almuerzo. De repente, su bebé empezó a llorar.

Por encima del hombro, la ocupada esposa dijo: "Cambia al bebé".

Bueno, él era joven y se sentía avergonzado frente a su amigo, así que respondió: "¿Qué quieres decir con 'cambia al bebé'? Soy un jugador de béisbol profesional y eso no es lo mío".

La esposa se volteó, puso sus manos en sus caderas y le lanzó una mirada que podría matar. Ella dijo: "Mira, campeón, pones el pañal como un diamante, colocas la segunda base en el plato de casa, pones el trasero del bebé en el montículo de los lanzadores, conectas primera y tercera, deslizas a base por debajo, y si empieza a llover, el juego no se suspende... tienes que comenzar todo de nuevo".

Clint Brown dijo: "El mundo siempre te dará la oportunidad de rendirte, pero solo el mundo llamaría "rendirse" a una oportunidad". En tiempos difíciles, demasiadas personas dejan de intentarlo. Uno de los principios de éxito más poderosos jamás predicados es: *¡Nunca te rindas!*

Como autor, tengo el privilegio de firmar muchos libros. Me gusta escribir expresiones alentadoras en cada libro antes de firmar mi nombre. Una de mis frases de aliento más comunes es: *¡Nunca te rindas!* Joel Budd comentó: "No es la última palabra, a menos que *tú* digas que lo es".

Nada ni nadie puede mantenerte abajo a menos que decidas no levantarte de nuevo. H. E. Jansen dijo: "El hombre que gana puede haber escuchado que lo dieron por perdedor varias veces, pero no escuchó al árbitro". Encuentra una forma *de* hacerlo, no una forma *de no* hacerlo. Un hombre perezoso siempre es juzgado por lo que no hace. La decisión de rendirse o seguir adelante es un momento decisivo en tu vida. No puedes volver atrás en el tiempo, pero puedes ponerlo en marcha de nuevo.

Tengo el privilegio de conocer a Peter Lowe, el fundador de los Seminarios de Éxito. Mientras hablábamos, comentó: "El rasgo más común que he encontrado en todas las personas exitosas es que han vencido la tentación de rendirse". Una de las mejores maneras de darle una oportunidad a tu mejor versión es levantarte cuando te derriban.

Demasiadas personas se detienen más rápido de lo que comienzan. En cambio, sigue este proverbio inglés: "No caigas antes de que te empujen". Margaret Thatcher entendió el principio de no rendirse cuando aconsejó: "Es posible que tengas que luchar una batalla más de una vez para ganarla". David Zucker agregó: "Ríndete ahora, nunca lo lograrás. Si ignoras este consejo, estarás a medio camino".

"¡No puedo!" es la conclusión de los necios. Escucha a Clare Boothe Luce: "No hay situaciones desesperadas; solo hay hombres que se han vuelto desesperados ante ellas". El almirante Chester Nimitz comentó: "Dios, concédeme el valor de no renunciar a lo que creo que es correcto, aunque piense que es desesperado". Rendirse es la tragedia suprema. El famoso boxeador Archie Moore reflexionó: "Si no me levanto de la lona, perderé la pelea".

La elección es simple. Puedes levantarte y ser contado, o acostarte y ser descartado. La derrota nunca llega a las personas hasta que lo admiten. Tu éxito será medido por tu disposición a seguir intentándolo.

TEN EL VALOR DE VIVIR. CUALQUIERA PUEDE RENDIRSE.

Pregunta 38

¿CÓMO RESPONDES A LA PREGUNTA: "¿QUÉ HAY DE NUEVO?".

Cuando Dios te estira, nunca vuelves a tu forma original. Dios ha hecho eso en mi vida muchas veces.

He tenido la oportunidad de hablar para una maravillosa organización en Sudáfrica en un par de ocasiones. En la segunda oportunidad que me dieron, mi anfitrión no solo me invitó a mí, sino también a toda mi familia. Cuando terminé de hablar, generosamente planificó y pagó para que toda nuestra familia pasara una semana en una casa flotante en Zimbabue, en el lago Kariba.

Todo esto sonaba bien, pero estábamos a punto de experimentar una aventura única en la vida. Permíteme comenzar diciendo que no somos personas del tipo aventurero y el aire libre. No acampamos; no hacemos senderismo; preferimos mucho más los hoteles, las playas y el servicio de habitación.

Sin embargo, volamos desde Johannesburgo, Sudáfrica, a Harare, Zimbabue. Lo primero que vimos después de que nuestro avión aterrizó fueron señales por todas partes que decían: "Alerta de malaria". Todos habíamos recibido vacunas contra la malaria antes de partir, pero eso aún nos incomodaba. Nos recibieron en el aeropuerto el capitán y el cocinero, quienes estarían con nosotros toda la semana en el barco. Nos subimos a un vehículo con ellos y pronto nos encontramos en una casa flotante en el borde del inmenso lago.

Estábamos a punto de pasar siete días en medio de la nada, con dos personas que nunca habíamos conocido, en un país que comenzaba a tener graves problemas.

Recibidos por mosquiteros sobre cada cama y un constante olor a gasolina, partimos en nuestra casa flotante. Nuestra semana estuvo marcada por excursiones en un pequeño bote entre hipopótamos y cocodrilos. En ese momento no nos dimos cuenta de cuán peligroso era. (Más tarde descubrimos a través de la Organización Mundial de la Salud que más de 2900 personas mueren por hipopótamos cada año en África. Cien personas son asesinadas por leones y alrededor de quinientas por cocodrilos). Se preparaban comidas todos los días, pero se volvían menos apetitosas cuando descubrimos que todos los platos se lavaban en el lago.

También hubo buenos momentos. Las estrellas fugaces en la noche eran increíbles. Los rugidos de los leones y las vistas de cientos de elefantes, ñus y búfalos de agua eran inolvidables y fascinantes. Pero después de siete días de ver todo eso estábamos listos para regresar a una forma de vida más civilizada.

En nuestro último día nos detuvimos en una isla mientras regresábamos a la costa. La isla estaba habitada por numerosos monos y babuinos que parecían saber exactamente qué hacer cuando un barco con humanos aparecía en su territorio. En cuestión de minutos, varios babuinos invadieron todo el bote, agarrando todo tipo de comida que podían y corriendo colina arriba de regreso a su hogar. Un final muy adecuado para nuestra semana salvaje.

Salimos de ese bote cambiados, en algunos aspectos para mejor. Ciertamente, nos sacaron de nuestra zona de confort y todavía hablamos de esa semana loca hasta la fecha.

Cada vez que Dios te saca de tu zona de confort y te lleva a algún lugar nuevo puede ser difícil, pero algo sucede que de otra manera no habría sucedido. Ese viaje unió a nuestra familia de maneras inusuales y duraderas. Siempre nos garantiza risas y una serie de historias.

Lo mejor de Dios para ti siempre te sacará de tu zona de confort. No pienses que quedarte donde estás haciendo lo que siempre has hecho, con las mismas personas, en el mismo lugar y al mismo tiempo, causará diferencias drásticas en tu vida.

¿Conoces a personas que están literalmente en el mismo lugar hoy que hace cinco años atrás? Todavía tienen los mismos sueños, los mismos problemas, las mismas excusas, las mismas oportunidades y la misma forma de pensar. Están detenidos en la vida.

Muchas personas básicamente desconectan sus relojes en cierto momento en el tiempo y permanecen en ese momento fijo el resto de sus vidas; sin embargo, la voluntad de Dios para nosotros es crecer, seguir aprendiendo y mejorando. La habitación más grande de nuestra casa siempre es la habitación para la automejora.

Recuerda este famoso dicho: "Lo que aprendes después de saberlo todo, es lo que cuenta". Debo admitir que soy algo fanático acerca de eso. Odio tener tiempo ocioso, tiempo en el que no estoy aprendiendo nada. Los que están a mi alrededor saben que siempre debo tener algo para leer o escribir durante cualquier momento ocioso que pueda surgir. De hecho, trato de aprender de todos. De uno puedo aprender qué *no* hacer, mientras que de otro aprendo qué hacer. Aprende de los errores de los demás. Nunca podrás vivir lo suficiente como para cometer todos los errores por ti mismo. Puedes aprender más de un hombre sabio que se equivoca, que de un necio que tiene razón.

Goethe dijo: "Todos quieren ser alguien; nadie quiere crecer". Estoy de acuerdo con Van Crouch: "Nunca cambiarás tus acciones hasta que cambies tu mente". Una manera importante de seguir creciendo es no dejar nunca de hacer preguntas. La persona que tiene miedo a preguntar se avergüenza de aprender. Solo las mentes hambrientas pueden crecer.

Todos deberíamos saber de qué estamos huyendo y hacia qué, y por qué. Deberíamos aprender como si fuéramos a vivir para siempre y vivir como si fuéramos a morir mañana. Henry Ford dijo: "Cualquiera que deja de aprender es viejo, ya sea a los veinte o a los ochenta. Cualquiera que sigue aprendiendo no solo permanece joven, sino que se vuelve consistentemente más valioso sin tener en cuenta su capacidad física". El apóstol Pablo instruye a Timoteo: *Procura con diligencia presentarte a Dios aprobado* (2 Timoteo 2:15). Es divertido seguir aprendiendo. Aprender trae a tu vida nuevas personas interesantes con las que ahora tienes un entendimiento común.

Aprende de los demás. Aprende a ver en los desafíos de otros los males que debes evitar. La experiencia es una posesión presente que nos impide repetir el pasado en el futuro. La vida nos enseña dándonos nuevos problemas antes de resolver los antiguos. ¿Piensas que la educación es costosa o difícil? Escucha a Derek Bok: "Si crees que la educación es cara, prueba con la ignorancia".

HOY UN LECTOR, MAÑANA UN LÍDER.
—W. FUSSELMAN

Pregunta 39

¿CUÁNDO FUE LA ÚLTIMA VEZ QUE DIJISTE: "VAYA, NO PUEDO CREER QUE YO HICE ESO"?

Un guarda de pesca notó que un tipo llamado Sam siempre pescaba más que nadie. Mientras los demás solo atrapaban tres o cuatro peces al día, Sam regresaba del lago con el bote lleno. Una cuerda tras otra, siempre estaba repleta de truchas recién pescadas. El guardabosques, curioso, le preguntó a Sam su secreto. El exitoso pescador invitó al guarda a acompañarlo y observar.

A la mañana siguiente se encontraron en el muelle y partieron en el bote de Sam. Cuando llegaron al centro del lago, Sam detuvo el bote y el guarda se sentó para ver cómo se hacía.

El método de Sam era sencillo. Sacó un cartucho de dinamita, lo encendió y lo lanzó al aire. La explosión sacudió el lago con tal fuerza que los peces muertos comenzaron a flotar de inmediato. Sam sacó una red y empezó a recogerlos.

Te puedes imaginar la reacción del guarda. Cuando se recuperó de la conmoción, comenzó a gritarle a Sam.

"¡No puedes hacer esto! ¡Te voy a meter en la cárcel, amigo! ¡Vas a pagar todas las multas que existen!".

Mientras tanto, Sam dejó su red, sacó otro cartucho de dinamita, lo encendió y lo lanzó en el regazo del guarda con estas palabras: "¿Vas a quedarte ahí todo el día quejándote, o vas a pescar?".

El pobre guarda tuvo que tomar una decisión rápida. En un segundo pasó de ser un observador a ser un participante. Tuvo que tomar una decisión explosiva, ¡y rápidamente!

La vida es así. Pocos días pasan sin que nos enfrentemos cara a cara con oportunidades y decisiones no deseadas, no anticipadas pero inevitables.

Elige siempre un obstáculo lo suficientemente grande como para que importe cuando lo superes. Hasta que te entregues a una gran causa, no habrás comenzado a vivir plenamente. Nada significativo se logra siendo una persona realista. Uno de los mayores placeres que puedes encontrar es hacer lo que la gente dice que no puedes hacer.

La tradición no ofrece esperanza para el presente y no hace ninguna preparación para el futuro. Día a día, año tras año, amplía tu horizonte. Russell Davenport comentó: "El progreso en cada época resulta solo del hecho de que hay algunos hombres y mujeres que se niegan a creer que lo que sabían que era correcto no se puede hacer".

Conoce las reglas y luego rompe algunas. Melvin Evans dijo: "Los hombres que construyen el futuro son aquellos que saben que aún están por llegar cosas mayores y que ellos mismos ayudarán a lograrlas. Sus mentes están iluminadas por el sol ardiente de la esperanza. Nunca se detienen a dudar. No tienen tiempo".

Involúcrate en algo más grande que tú. Dios nunca ha tenido a alguien calificado trabajando para Él. "Nosotros somos el cable; Dios es la corriente. Nuestro único poder es dejar que la corriente pase a través de nosotros", observó Carlo Carretto. Sé una mente a través de la cual Cristo piensa, un corazón a través del cual Cristo ama, una voz a través de la cual Cristo habla, y una mano con la que Cristo ayuda.

Si quieres defender lo que crees, vívelo. Dorothea Brande afirmó: "Lo único necesario para romper el hechizo de la inercia y la frustración es esto: actúa como si fuera imposible fallar". Haz un giro que te lleve del fracaso al éxito. Ten presente este consejo: actúa siempre como si fuera imposible fallar.

HAZ LO QUE LA GENTE DICE QUE NO SE PUEDE HACER.

Pregunta 40

¿EN QUÉ ERES INCREÍBLEMENTE BUENO?

Un pastor se paró frente a su congregación y dijo: "Tengo malas noticias, tengo buenas noticias y tengo más malas noticias. Las malas noticias son: la iglesia necesita un techo nuevo".

La congregación se quejó.

"Las buenas noticias son: ¡tenemos suficiente dinero para el techo nuevo!".

Un suspiro de alivio recorrió al grupo reunido.

Entonces el pastor dijo: "Las malas noticias son: todavía está en sus bolsillos".

La buena noticia es que Dios te ha equipado con todo lo que necesitas para cumplir sus planes para ti. No dejes que se quede "en tus bolsillos". Haz algo con los dones, talentos y fortalezas que Él te ha dado.

Muchas personas dedican toda su vida a campos de trabajo que no tienen nada que ver con los dones que Dios les ha dado. Increíblemente, muchos pasan toda su vida tratando de cambiar la forma en que Dios los hizo.

Dios sabía lo que hacía cuando puso dones, talentos y fortalezas específicas dentro de ti. El libro de 1 Corintios afirma: *Cada uno tiene su propio don de Dios* (7:7). Marco Aurelio dijo: "Toma plena cuenta de las excelencias que posees, y con gratitud recuerda cómo las añorarías si no las tuvieras".

Robert Quillen reflexionó: "Si cuentas todos tus activos, siempre mostrarás una ganancia". Aprovecha las oportunidades para usar tus dones. Baltasar Gracián dijo: "Pon tus talentos a la vista. Esto siempre los pondrá de manifiesto". Nunca te juzgues por tus debilidades. Estoy de acuerdo con Malcolm Forbes, quien afirmó: "Demasiadas personas sobrevaloran lo que no son y subvaloran lo que son". Eres más rico de lo que piensas.

Nathanael Emmons dijo: "Una de las principales razones por las que los hombres son inútiles tan a menudo es que descuidan su propia profesión o vocación, y dividen y desplazan su atención entre una multitud de objetos y actividades". Lo mejor siempre surgirá dentro de ti cuando aproveches los mejores dones que Dios puso en ti. Estoy de acuerdo con William Matthews cuando dijo: "Un talento bien cultivado, profundizado y ampliado, vale más que cien facultades superficiales".

Demasiadas personas solo toman en consideración sus deseos, nunca sus talentos y habilidades. En lo más profundo de tu ser, si eres músico, entonces haz música. Si eres maestro, enseña. Sé lo que eres y estarás en paz contigo mismo. Estoy de acuerdo con William Boetcker, quien declaró: "Cuanto más aprendes qué hacer contigo mismo y cuanto más haces por los demás, más aprenderás a disfrutar de la vida abundante". Haz lo que sea más natural para ti. Un proverbio yoruba dice: "No puedes evitar que un cerdo se revuelque en el lodo".

Estoy de acuerdo con Sydney Harris: "El noventa por ciento de las desgracias del mundo provienen de la gente que no se conoce a sí misma, sus habilidades, sus debilidades e incluso sus verdaderas virtudes". No esperes nada original de un eco. Alfred de Musset dijo: "Qué glorioso y qué doloroso es ser una excepción". Billy Wilder agregó: "Confía en tu propio instinto. Tus errores podrían muy bien ser los tuyos, en lugar de los de otra persona". Abraham Lincoln reflexionó: "Sea lo que seas, sé bueno en ello".

E. E. Cummings aconsejó: "Ser nadie más que uno mismo (en un mundo que está haciendo lo mejor que puede, noche y día, para convertirte en alguien igual al resto) significa luchar la batalla más dura que cualquier ser humano puede luchar, y nunca dejar de luchar".

La conclusión es: ¡sé tú mismo!

SÉ LO QUE ERES.

UNAS PALABRAS FINALES

Las respuestas más importantes de la vida se encuentran al hacer las preguntas correctas. Creo que cada respuesta que buscas está ahí para ti, esperando ser desbloqueada por las preguntas adecuadas.

Aplica estas preguntas y observa cómo tu vida se expande hacia arriba. Compártelas con aquellos con los que tienes relaciones y observa cómo sus vidas mejoran.

Finalmente, mientras te haces las preguntas transformadoras contenidas en estas páginas, asegúrate de hacer algo con las respuestas.

ACERCA DEL AUTOR

John Mason es un autor, conferencista, ministro y *coach* de autores de renombre internacional. Es el fundador y presidente de Insight International y de Insight Publishing Group.

Ha escrito veinticinco libros, entre los que se incluyen *Un enemigo llamado promedio*, *¡Usted nació original, no muera como una copia!*, *Suéltese de lo que le detiene*, y *Conozca sus límites, y luego ignórelos*, que han vendido más de dos millones de ejemplares y han sido traducidos a treinta y ocho idiomas en todo el mundo. Sus libros son ampliamente reconocidos como una fuente de sabiduría divina, motivación bíblica y principios prácticos. Siete de sus libros han alcanzado el primer lugar en la lista de éxitos de ventas de Amazon. Sus escritos han sido publicados dos veces en *Reader's Digest*, además de aparecer en numerosas publicaciones nacionales e internacionales.

Conocido por su aguda inteligencia, pensamientos poderosos e ideas perspicaces, John es un conferencista popular en los Estados Unidos y en todo el mundo. Él y su esposa Linda tienen cuatro hijos y tres adorables nietos.